我以我血獻青天

飛行員的故事4

王立楨 ———— 著

目次

Contents

推薦序

真不可思議！

馮世寬　財團法人國防安全研究院董事長

本書當中每一篇、每個故事的鋪陳、每個人物的特寫、每個場景的描述，篇篇不同，篇篇精彩！文中還將不同年代的環境加以分析，最後再給讀者一個令人迴盪不已的結語。這就是王立楨先生《飛行員的故事》系列作品的特色。看王立楨先生的著作，很想一口氣看完，以便知道結局。絕對不會像看金庸的武俠小說一樣，會想跳過書中一些段落。

我想舉本書內的兩個故事給我的感受，來印證我講的話：

一、第六章是寫「電力全失效，陳家麟中尉」，用這麼平常無奇的引句，卻帶出了一個極不平凡的故事。家麟和我在校同是田徑隊，我們不知參加過多少次的校運、五校聯運、全軍運動會、中上聯運，不知為空軍官校得過多少獎牌！畢業後我們從未分發到同一個單位工作。後來他卻接我的情報署長、次長、作戰司令、副總司令……而我還是在這本書裡才知道，他在那麼資淺中尉時，就成功的在夜間全部電器系統失效後能安全返降，真不可思議！

在作者描述下，陳家麟落地了，我還陷在這不可思議的情節裡。他落地後因飛機沒電而打不開座艙罩，機工長最後以機外手動搖開了座艙罩，他爬出座艙，寫到他吸到了新鮮空氣，我才由緊張的情節中甦醒過來，我也落地了！卻喘了好幾口大氣，八成是被緊張的情節讓我摒住了呼吸！這時我的心情起伏不已，起身泡了杯茶，還想抽根菸，來平息這個故事在我心中產生的激烈迴盪。

二、第五章「悲愴的悼念『死得乾淨！』，孫祥輝少校」，還沒看內容，光看那張不經意照的圖片，我就凝視良久。他不只是高大帥氣，他一肩背傘、一手拿著飛行頭盔走路的神情，好「屌」！自然而然的顯露出，驍勇善戰的氣勢！

我由故事裡才知他是抗日名將孫元良將軍的長公子，但他卻從不提過他的家世。當年影星秦漢是年輕人的偶像，孫祥輝烈士是他的哥哥，我聽前輩們說，他比秦漢還帥。

由書裡面才知道，他在民國五十六年我官校畢業進飛行學校的基本組時，他就在這年的聖誕節失事了，我頓時心裡充滿了惆悵！再讀到年邁的孫將軍得知長子為國犧牲，悲慟之餘寫的悼念詞，讓我滿眶熱淚，心裡對孫祥輝烈士充滿崇拜與不捨！我闔起了書本，逕自的走向民生公園，想藉著那個廣大的空間散去我內心的感傷！

作者不但用嫻熟的寫作技巧與精準的空軍術語，寫下空軍忠孝節義的往事，更能啟發我們熱愛空軍，熱愛我們的國家。願所有研讀「飛行員故事」的朋友，如我以上所述的感同身受。

最後對作者王立楨先生於民國一〇六年十月，發起到碧潭空軍公墓給烈士們插獻國旗的作為，致上我的崇高敬意與謝忱。這個作為，現已蔚為風氣，不久的將來定會形成空軍永續的傳統。

大鵬 107.06.28

推薦序

向無畏生死的空軍英雄致敬

張哲平　中華民國空軍司令

今年（民國一〇七年）三二九春祭典禮，空軍碧潭公墓裡，千百面青天白日滿地紅國旗迎風飄揚，空軍忠烈將士紀念塔巍然聳立。看著一方方綠色地上黑色石碑旁，插立著中華民國國旗，內心澎湃激盪，久久不能自已！

正因為埋葬於此的英雄烈士們，無懼強敵，捨命報國，捍衛領空，為了國家的繁榮富庶與人民的幸福和樂挺身而出，我們才得以有今日的安祥和平。而這個插豎國旗活動的號召者、發起人，正是本書的作者，王立楨先生！去年國慶假日的前夕，他首度號召各界到空軍公墓獻旗，引發廣大迴響。

王立楨先生是退休的航空工程師，長年旅居美國，與空軍淵源不深，卻憑藉著對中華民國空軍的濃烈情感，用心鑽研、多方蒐羅空軍史蹟與文物近一甲子，先後出版《回首來時路——陳燊齡將軍一生戎馬回顧》、《飛行員的故事》（連同本書已有四集）、《螺旋槳邊的歲月》、《唐飛：從飛行員到上將之路》等書籍，透過一個個鮮活精彩、感人至深的故事，一段段英勇振奮、蕩氣迴腸的歷史，紀錄下空軍前輩對國家的忠誠與對家園的熱愛，也激勵了空軍後進對筧橋精神與忠勇軍風的嚮慕、崇敬與追求。

我想，也是因為王立楨先生對中華民國空軍的至切真情，才能發想出以插飾國旗向英雄致敬的活動，並透過現地解說，讓安躺於碧潭公墓裡的忠魂事蹟，得以傳揚留頌。王立楨先生說：「我非常樂意解說，這些人為什麼躺在這裡。這些人完全是為了保衛台灣而犧牲。」

安眠於碧潭公墓的烈士英雄們，都是空軍的驕傲與榮光。身為空軍後輩，向先烈致敬的最好方式，就是深刻瞭解前人守護藍天的奮鬥歷史，進而承續他們的愛國精神，踏穩他們闢建的勤訓道路，捍衛他們用生命保衛的蔚蔚長空。而本書是飛行員的故事第四集，當中的十三個名字、十三段驚心動魄的飛訓出勤經歷，譜寫的正是中華民國空軍飛行員無畏傷亡生死、爭相禦敵衛國的浩然詩歌。

例如，書中提到響應民國四丨四年「建艦復仇從軍」活動加入空軍報國的愛國學子孫祥輝少校，於民國五十六年在台灣海峽上空執行戰術訓練，因為機械嚴重故障，不得不棄機跳傘，墜於波濤洶湧的十二月冰冷海水中。他的胞妹聽聞王立楨先生轉述孫祥輝少校在滾滾黑水中，遭到降落傘無情拖拉的殉職前景況，放聲嚎啕痛哭……又例如青春正茂的朱定西少尉，在兩岸對峙的民國四十四年六月五日，即便座機遭受敵艇砲彈襲擊，冒煙著火，卻因著國家的戰機得來不易，堅持不棄機逃生，血灑天際……

他們兩人為國捐軀的故事令人鼻酸痛心，但書中還有十一位歷劫而歸的飛行員，在空中與死神交手後，竟能繼續拉起操縱桿，堅持飛上藍天，守護著天空下的土地與人民。這般不懼生死、有勇無敵、犧牲奉獻的氣魄豪情，也是何等令人感佩。而這正是我們中華民國空軍一脈相傳的忠勇軍風。

今年適逢八二三戰役六十週年，回想臺海戰役期間，我空軍健兒奮勇衛土，浴血空戰數十次，締造了第二次「八一四」勝利榮光。王立楨先生值此時刻發行本書，向臺海戰役中守護中華民國領空的飛行員致敬，別具深意，特以為序；並勉我空軍全體將士在先烈前輩的禦敵事蹟引領下，時刻銘記肩負的國家重任，自我惕勵，傳承續寫中華民國的和平史詩。

張哲平

推薦序

讓我向所有勇敢的空軍健兒們致敬

秦漢　影星

本書第五章的主人翁孫祥輝是我大哥。

我們家有許多兄弟姊妹，我比他小九歲。小時候，我可沒資格和他說什麼話，因為我只是個小蘿蔔頭。

有一年雙十節，大哥代表空軍官校參加閱兵，他穿著帥氣的官校制服回來，弟弟妹妹們都崇拜的看著他，圍著他問長問短。

大哥小時候很頑皮，就像任何一個健康的男孩子。他九歲在重慶就開著家裡的汽車把圍牆撞了一個大洞。就因為太頑皮，精力太充沛，爸爸才讓他進空軍官校鍛鍊。

許多年後，我也長大了，在海軍陸戰隊服役。有天在電視上看到大哥，正帶著越南前總理參觀空軍基地，試飛 F-104。過沒多久，卻聽到他的噩耗。

「死得乾淨」，是很像我爸會說的話。當年爸爸和日本人打仗，也曾面臨過許多人、許多士兵拋頭顱灑熱血，總不好在自己的孩子過世時，表現的婆婆媽媽；總要有一個軍人的樣子，把自己的感情壓在心裡的底層。

爸爸生前就規劃好自己的墓園，他為我哥挑了一顆質樸自然的大石頭，上面簡短的刻上大哥的失事經過。

最後，大哥還是回到爸爸的身邊。

我就這麼簡單地說上幾句，讓我向所有勇敢的空軍健兒們致敬。

敬禮！

秦漢　二〇一八年八月三十日於浙江

作者序

為了你我，他們做了什麼事？

去年（民國一〇六年）十月九日上午，我看著一面又一面的國旗，飄揚在碧潭空軍公墓的每一位烈士墳前，我曾激動的掉淚，因為那面國旗所代表的是中華民國，而那些烈士是為了確保「中華民國」的所有國民有個安全的生活環境而犧牲了生命。因此，在國慶日的前夕將國旗插在他們的墳前，我實在覺得是一件相當有意義的事。

也就是那天在碧潭，許多同去插旗的讀者問我：《飛行員的故事》第四集何時可以出版？這實在是問到了我的痛處，為了這件事，我除了對那幾位曾接受我專訪過的飛行員，及一直在期待的讀者感到抱歉之外，我更想到了去世多年的喬無遏將軍。

因為喬無遏將軍曾對我說，《飛行員的故事》第四集出版時，他要替我寫序文。當時我滿口答應他會儘快將書寫完，然而故事尚未寫完，他就隨著他的許多同袍們，入厝公墓內的靈骨塔。因此，沒能在他生前將這本書完稿，是我心中永遠的遺憾。

在抗戰中，喬無遏將軍曾擊落過四架日機，後來在台灣又擔任過空軍第一個軍刀機大隊（五大隊）的大隊長。他的過世也代表著一個世代的結束，他們那一個世代的軍人曾在對日戰爭中流過血，也在海峽上空為保衛台灣而流過汗，他們無愧於國家民族，更對得起幾代的全國百姓！

我記得二〇一三年三月，我最後一次去亞特蘭大探望他時，他囑咐我一定要繼續將《飛行員的故事》繼續寫下去。他說，如果那些故事沒有記錄下來，再過多少年就無人可知，那些人曾經為國家做了些什麼事。

那些人為國家做了些什麼事？

海峽上空自從民國五十六年之後就沒有發生過空戰。目前五十多歲以下的年輕人，生長在一個沒有戰爭的承平年代，經常會將對岸「解放台灣」與「武力統一」的威脅當做空談。殊不知這種「承平」的狀況，是由一群不分晝夜、沒有例假的軍人所提供的。

幾年前我參觀清泉崗基地的警戒室，看著幾位年輕的飛行員在模擬緊急起飛的狀況，那時突然意識到，警戒室其實就是台灣防衛的最前線！一旦戰管在雷達上看到任何不尋常的動態，最近機場警戒室裡的飛行員就要緊急出動。對於那些飛行員來說，每次出動所面對的都有可能是前來挑釁的敵機，當然也有可能是前來試探我國空防是否嚴謹的非友邦飛機（例如本書第十三章，吳慶璋少校的故事）。但無論是哪一種情況，絕大多數的國人都不知道這些緊急出勤的任務，遑論曾有被庇護的感覺。

人們向來將身邊的一切事務視為理所當然，也總是在失去某種東西之後，才會感覺到它的珍貴。

我在洛馬公司任職時，有一位越南籍的同事曾說，他很羨慕我「經常能回國」。當年在西貢被越共侵佔之前的最後一刻，幼年的他隨著家人逃離，而如今他的家鄉越南已經成了共產國家。洛馬是一個國防工業公司，對於員工前往共產國家，頗有些限制和顧忌。因此，在我看來是相當平常的「歸鄉、返國之旅」，在他看來卻是一件可望而不可求的事！而導致這個後果的原因，就是當初南越的軍隊未能成功抵抗越共南侵，而且越南民眾等待的美軍馳援卻始終沒有發生！

這樣看來，住在台灣的百姓，或是旅居國外的僑民，對於台灣能在「解放台灣」與「武力統一」的威脅下屹立至今，我們是否該對所有的現役軍人或是退伍榮民，表現一些敬意呢？

本書是《飛行員的故事》第四集。如果把前三集也算進來的話，我已述說了五十餘位飛行員的故事，他們僅是眾多飛行軍官中的極少數，我有幸能將他們的事蹟記錄下來與國人分享，但我也知道還有更多的故事流傳在飛行圈的口語之間，我會盡我所能的去挖掘那些事蹟，讓大家瞭解那些人在那些年為了你我做了一些什麼事。我更希望讀者閱讀他們在藍天中驚險故事的故事之際，也能體會到他們對國家及你我的付出。

最後，我要在此感謝書中的每一位主角，他們不但接受我的專訪，將發生在他們身上的事故仔細地述說，更在故事完稿之後，再替我審查一遍，以確定我將故事所有的細節都無誤的記錄下來。

另外，前國防部總督察長劉守仁中將（備役）及鄧明隆、魯國明兩位先生，他們在本書撰稿期間提供許多寶貴的意見。劉守仁將軍將原稿中所有不合理處一一指出，並且提供彌補之建議，讓本書中的各項情節更合乎空軍的環境與傳統。鄧明隆先生以他對各型軍機的瞭解，指正了我的許多錯誤，魯國明先生更以一位局外人的身份，在閱讀原稿後，建議將一些軍事航空迷所熟悉的情節，以更簡明的文字敘述，讓一般大眾都能理解。他們幾位的熱心協助，讓此書能夠如期地呈現在讀者面前。

中華民國一〇七年七月十八日
王立楨於美國加州聖荷西寓所

第1章 我們的身體、飛機和炸彈……

朱定酉少尉

民國四十三年九月三日下午，中共突然開始對金門進行密集炮擊，在十二小時內發射了六千餘發砲彈，一時金門的守軍遭受到相當大的傷亡。金門島上的守軍除了立刻還擊，也要求空軍提供空中支援，向對岸的砲兵陣地進行轟炸。

那天空軍接到金防部的請求時，因為天色已暗，而且當時空軍缺乏具有夜間作戰能力的機種，只好等到第二天清晨再派機出動。

領導者的風範

那天夜裡，位於屏東空軍基地的三大隊八中隊作戰官祖凌雲中尉在就寢之前，接到中隊長的通知，要他將原先排定第二天清晨第一批任務的四位飛行員，換成由中隊長親自擔任領隊，作戰長飛二號機，副隊長飛三號機，四號機則由指導員（輔導長）擔任。這四架飛機將在始曉前起飛，日出時抵達廈門上空，對地面的共軍砲兵陣地進行攻擊。

目前已是九十多歲高齡的祖凌雲將軍，回憶起九三砲戰那次的第一批任務時，仍然因為中隊長身先士卒的精神而感動。他記得那天在機場目送那四架 F-47 起飛時，心中真是激動莫名，覺得從軍報國等的就是這一刻！

第一批任務的四架飛機起飛之後，中隊所有飛行員都到作戰室集合，等待著下批作戰任務的下達，同時期待隊長第一批飛機的捷報。然而兩個多小時之後，第一批的任務機只回來了三架，副隊長黃正昌少校在對地攻擊時，被防空砲火擊中，雖然他勉強將飛機飛到金門迫降，但他本人卻因受傷過重而為國犧牲。

副隊長黃正昌陣亡的消息傳回，整個三大隊上下一片敵愾同仇的心情，大家爭著出任務要替黃副隊長復仇，但是當天三大隊卻沒有再接到任何作戰任務。一直到九月七日那天，空軍才派三大隊出動，進行對廈門地面共軍陣地的攻擊任務。那天還有第五及十一兩個大隊同時出動，三個大隊一共一百多架戰鬥機在作戰司令部派遣下輪番進出。一整天之內廈門上空始終都有飛機在對地攻擊，地面到處都是炸彈爆炸的硝煙。

這樣大規模的出動，一直延續了一個多星期，才將中共的砲火壓制下來。但是我方也付出了沈重的

民國 43 年 9 月間三大隊八中隊副隊長黃正昌出擊廈門的時候，不幸陣亡。這張照片一直被他的女兒黃姍珍藏著。圖／黃姍提供。

代價，除了黃正昌的犧牲之外，在九月七日到十二日的一個星期之內，又有一架 F-47 及一架 P4Y 轟炸機被擊落，十位空勤官兵在金廈上空灑出熱血，對國家做出了終極的貢獻！

見目標逕行攻擊

九三砲戰之後，為了避免這種被突擊的狀況再度發生，空軍除了安排第十二偵察中隊不定時對大陸沿海的共軍動態進行偵照，更下令每個作戰聯隊在執行海峽巡邏任務時，要將飛機沿著大陸的海岸飛行，隨時注意任何地面異常的活動。一旦發現有軍事目標可以逕行攻擊，不必再向上級請示。

民國四十四年六月五日下午，三大隊七中隊的四架 F-47 戰鬥機由屏東基地起飛，前往汕頭沿海一帶執行偵巡任務。擔任長機的是李從龍上尉，二號機是魏纘武少尉，三號機是趙善濤中尉，四號機是魏鑽武的同班同學朱定西少尉。

那天本島的氣候還算好，但是他們剛進入海峽上空就遇上一大片雲，於是長機將高度降低到三千呎，保持雲下目視飛行。不過這個高度的氣流相當不穩，趙善濤中尉覺得整架飛機在空中就像是落葉似的，不斷上下飄動。四架飛機就在這種惡劣的天候下以疏開隊形在海峽上空向西飛著。

等到他們接近汕頭附近，又碰上一陣驟雨，一瞬間趙善濤中尉發現他的視線完全灰濛濛一片，幾乎看不見任何東西。等飛機衝過那團驟雨，他們已經進入大陸領空，正飛在汕頭港上空。

就在那時四號機朱定西少尉看見一艘灰色的船艦正向港外駛去，而陰霾的氣候

空軍的 F-47N 飛行在新竹海面上的情形，時間為 1950 年代早期，飛行員是溫鴻章。2018 年 4 月，溫鴻章將這張難得的照片，贈送給昔日隊友徐德之的女兒徐凱萊，因為徐德之也曾駕駛此型飛機與中共戰機纏鬥。圖／徐凱萊提供。

中能見度偏低，他看不清楚那艘船的樣式。正當他向長機報告時，飛在他左前方的三號機趙善濤中尉也在無線電中報告見到另一艘大型的商船正在靠港。

因為是三號機趙善濤和四號機朱定酉首先發現港內船隻動態，於是長機就命令他們兩人降低高度，進一步觀察那兩艘船。長機及二號機持續在空中掩護。

朱定酉聽到長機的命令後，立刻向右壓桿，將飛機對著翼下那艘正要出港的船俯衝而去。趙善濤也對著自己看見的那艘正要靠港的商船衝下去。

因為氣候不好，他們的飛行高度本來就不高，俯衝而下後很快就達到船隻桅桿附近。這個高度雖然可以仔細看清楚船隻的種類及國籍，但在這樣的高度下，幾乎任何口徑的武器都可以打得到他們。兩架飛機在低空改平時，果然看見天空中突然出現砲彈爆炸的黑煙及機槍曳光彈的畫痕，一時趙善濤不知道飛機的震動是因為氣流不穩的關係，還是砲彈爆炸時的空氣波動而引起的。

朱定酉先由那艘灰色的船左舷上空衝過，看到了甲板上的炮口正對著他一明一滅的閃著。於是他向長機回報，那艘出港的船是一艘中型的炮艇。

那時汕頭港內的岸炮及軍艦上的砲火已經在天空織成一片火網，朱定酉雖然只是一位少尉飛行員，經驗不算豐富，但是他也知道，如果驟然爬高，被擊中的機率一定大增。

持續待在低空反而較不容易被砲火擊中。於是他繼續將飛機保持著比船甲板稍高的高度，等到衝過火網涵蓋的區域之後，才開始爬高。

同時間，趙善濤也已經低空通過商船，不過卻沒有看見船尾有懸掛任何國家的國旗，無法判別國籍。在這種情況下貿然對它進行攻擊是相當冒險的事，萬一是外籍商船，將會引起不必要的國際紛爭。

長機李從龍上尉透過無線電知道了這些情形。他認為現在並沒有攜帶炸彈，若只是使用機上的機槍對這些船艦加以攻擊，並不會造成太大損害，反而平白使得自己的機隊暴露在更大的地面砲火風險之下。因此他決定呼叫僚機集合，不對那些船艦進行攻擊，只要將這些觀察到的情報帶回去即可。

四號機，當心！

朱定酉少尉飛向長機集合時，再度經過了那艘出港的商船附近。他突然決定要再一次衝下去，看看能否有機會看清楚商船的國籍，這樣子帶回去的情報才具體，才有價值。

朱定酉再度俯衝而下，操縱著飛機以「之」字型前進，在地面砲火的火網中穿梭著。

李從龍上尉在空中看著這個情形，對著無線電叫道：「Four，當心！」

「我要看看它到底掛的是什麼旗！」朱定酉少尉很平靜的回答著。

趙善濤中尉緊盯著底下朱定酉的飛機，幾乎是貼著水面朝商船飛去，曳光彈就在他附近飛舞，那種情形真是驚險萬分。

「他媽的，這傢伙還真沒掛旗！」朱定酉通過那艘商船旁邊時，用無線電通知長機。

通過商船之後，朱定酉並沒有像前一次一樣繼續低飛，卻立刻開始爬高。就在他爬高的時候，趙善濤看到他的飛機與曳光彈的火網交叉而過，朱定酉的飛機立刻開始冒出一縷白煙。

「糟糕！」趙善濤中尉不自覺的喊了一聲。出現了白煙，代表發動機的滑油系統被擊中而漏出，又碰到炙熱的發動機，因此產生白煙。

朱定酉的飛機慢了下來，爬高的速度也明顯減緩了。趙善濤立刻飛到朱定酉旁邊，看到了朱定酉機

年輕的朱定酉為了保存飛機，不顧自身安危而殉職。圖／《中華民國的空軍》雜誌提供

頭發動機部位的下方有明顯的彈痕，白煙不斷的由發動機整流片開口處散出。看著那架飛機無法爬高、速度減低的情況，趙善濤知道除了滑油系統漏油之外，一定還有其他的損傷，甚至可能發動機中有幾個汽缸也被擊中了。

「Lead，four報告，飛機中彈，發動機連續放炮，歧管壓力降低，發動機轉速一千五，高度三千呎，無法繼續爬高，空速一百五。」朱定酉的口氣有些焦急。

長機李從龍上尉聽了朱定酉少尉的報告之後，瞭解在這種情況下朱定酉是無法回到台灣的，即使到澎湖也很冒險，於是他立刻決定要朱定酉轉向金門。由他們所在的地點到金門，距離僅有一百二十浬，萬一在中途要跳傘，也可以飛到大陸上空去跳傘，雖然會被共軍俘擄，但總比命喪大海要好。

於是四架飛機脫離了汕頭港口的火網，轉向東北，順著大陸的海岸飛向金門。沿路上朱定酉的飛機狀況越來越差，發動機轉速越來越低，每當空速低到接近失速的時候，他只能推下機頭，以高度換取一些他迫切所需要的空速。

編隊中其餘三架飛機都盡量將速度放慢，伴著朱定酉的飛機向金門前進。趙善濤中尉看著那架帶著白煙飛著的飛機，根本不像是在飛，更像掙扎著在天空中爬行，但是他好幾次由朱定酉的座艙上飛過，看到他在座艙中仍然還是很鎮定。

魏纘武飛到朱定酉的旁邊，看著那架飛機的情況，覺得隨時都有可能失速摔下去。他按下通話按鈕：「同學，不要撐了，快跳傘吧。」

「老魏，現在狀況還可以，我想我可以撐到金門降落，這架飛機可是價值九萬元美金哪！」朱定酉說的是每架飛機座艙旁的標語上「本飛機價值美金九萬元，來之不易，當心使用……」等字樣。

魏纘武不敢相信朱定酉在這個時候想的不是自身的

這張 F-47 的照片可見當年噴漆在座艙外的「本飛機價值美金九萬元，來之不易，当心使用……」等字樣。座艙內的飛行員為劉憲武。

安危，而是那架飛機的價格。但是他也知道這是當時國情下必然的現象。中華民國是一個無法自製飛機的國家，而當時國家又那樣的窮困，每位飛行員不到絕對必要的時候，是不會考慮跳傘的。

過了一陣之後，朱定酉的飛機除了冒白煙，又冒黑煙了，這表示發動機除了原先的漏滑油之外，已經開始著火。飛在他旁邊的幾架飛機都覺得那架飛機實在無法繼續飛下去了，因為發動機一旦著火，就隨時有爆炸的可能。

「Four，這是Lead，跳傘！」長機李從龍上尉簡單但明確的告訴朱定酉下一步該幹什麼。

「Lead，目前情況比剛才好一些，我剛換了油箱，發動機情況比剛才好一點，我想該可以飛到金門。」

大家聽到他說情況好轉，都放下心來，但是趙善濤卻覺得只是換油箱該不會對發動機的運轉有任何影響，他認為朱定酉還是想保全飛機，才會這麼說來讓大家安心。

朱定酉距金門還有四十餘浬，高度已經掉到一千餘呎，速度也只能維持在一百二十浬左右——僅僅比失速稍微高一點。飛在他旁邊的趙善濤實在懷疑那架飛機是否還能再撐二十多分鐘。

這樣又飛了一陣之後，飛在較高高度的長機及二號機已經可以在海平面看到金門島的輪廓了，魏纘武開始覺得說不定朱定酉真的可以撐到金門。

但是此時趙善濤卻看到朱定酉的整流片開口處已經出現了橙黃色的火焰，不斷往外冒，這真是相當危急的時刻了。

「朱定酉，我是趙善濤，現在我命令你立刻跳傘！」趙善濤口氣堅定的說著。

「現在高度還有八百呎，我想我可以支持到金門進場。」朱定酉雖然這麼說，但是由他的語調中可以聽出他已是相當緊張。

就這樣，三架 F-47 上的三位飛行員，焦急地看著朱定酉坐在受創的飛機裡，蹣跚地飛在台灣海峽上，而他們卻沒有任何方法可以協助他。

幾分鐘之後，趙善濤再度接近朱定酉的飛機，正要去觀看他的情況，朱定酉的飛機就在他的注視下爆炸了！

趙善濤被爆炸的聲音懾服，爆炸引起的空氣波動讓他自己的飛機大幅度晃動，他趕快抓住駕駛桿將飛機穩住，然後快速的將飛機降到海平面，看著爆炸的碎片掉在海面所引起的白色浪花，實在不敢相信才幾秒鐘之前還在與他對話的人，一瞬間已人鬼殊途了。

總司令親駕專機去悼念

朱定酉少尉為國犧牲的故事在當時並未廣泛的宣傳，因此大多國人並不知道他的英勇事蹟。然而，當時的空軍總司令王叔銘上將卻對他殉職的經過相當感動，於是在他為國犧牲的二十天後，王叔銘親自駕駛一架專機前往朱定酉墜海的海面，由空中投下一只花圈，向烈士送上由衷的敬意。

這是空軍成軍以來第一次有空軍總司令親自駕機前往飛機失事地點，向為國犧牲的飛行員致敬。

朱定酉少尉殉國的時候才剛滿二十二歲。在他短短的生命中，幾乎有一半的時間是在空軍中度過的。他於民國三十四年小學畢業之後就進入空軍幼年學校，像當時許多投身軍旅的人一樣，他預備學成之後去驅逐侵華的日寇，沒想到他由空軍軍官學校畢業之後，國家的敵人已經變成與他自己同文同種、但是理念不同的國人。民國四十二年初，他由空軍官校三十二期畢業，完成了訓練之後，開始執行戰鬥任務，保衛中華民國最後一塊土地。

以現在的觀點去看朱定酉烈士為保全飛機而犧牲的故事，絕對會覺得不值，畢竟飛機可以再造，而生命卻是無價。但是，在當年的時空下，飛行員感受的是國家的窮困，全軍上下所推廣的是「克難」，克服困難，為的就是將有限的資源盡量發揮到極致。朱定酉坐在那架受創的飛機中，他相信他是有把握將飛機飛到金門迫降。我覺得如果他真正感覺到大勢已去，飛機已無法繼續撐下去的話，他會跳傘的。只是在那最後關頭，因為他無法親自看到飛機受損的情形，而誤判了飛機的狀況，終於導致致命的後果。

在當年兩岸敵對情形相當嚴重的情形下，朱定酉的犧牲並不是很特別的例子，因為由九三砲戰到朱定酉殉國，短短的九個月之

空軍總司令王叔銘上將親臨朱定酉陣亡處抛擲花環，獻上最深的敬意。圖／《中華民國的空軍》雜誌提供

內，空軍官校三十二期的同學中就有游長青、儲晉清、徐光銳、李家慶及朱定西五位飛行軍官在各種不同任務中為國犧牲。

中華民國因為他們的付出，得以在台灣矗立到如今！

第2章

梁金中中尉

僚機立大功

飛在三萬七千呎的高空，梁金中在座艙裡看著四周的十四架飛機，正以疏開隊形飛在藍天白雲之間，壯觀的景象實在讓他感到激動。這雖非他首度參與這種大兵力的空中編隊，但是，以前的大編隊只是為了顯示壯大的軍容，而這一次卻是真的上戰場！所有的參與人員都是抱著「不入虎穴，焉得虎子」的心態，對著他們的目標——汕頭附近的澄海機場——前進。

那天是民國四十七年的九月八日，八二三砲戰開始之後的第十六天。

中共那次對金門炮擊之兇猛，前所未見，因此國防部亟欲知道中共在大陸沿海的兵力佈署，以研判共軍最終的目的是金馬地區，或是台灣本島。這種探索兵力佈署的任務，就落在空軍偵照部隊的肩上。而梁金中就參與了對澄海機場的偵照掩護任務。

當天任務前的任務提示時，五大隊大隊長董啟恆上校也在場，他特別在提示完畢後對所有飛行員表示，「掩護偵察機」是當天任務中最重要的環節，務必要讓偵察機安全地將偵照的成果帶回本島。

董啟恆強調，擔任直接掩護的四架飛機，若看見敵機前來攔截，絕對不可以將偵察機丟開，自己跑去參加纏鬥。如果這樣的話，就算擊落了敵機，回來之後也送交軍法審判。

那次任務實在太重要了，因此獲選定執行任務的飛行員，都是由大隊長與二十六中隊中隊長商量後親手挑出來的。當天的人員佈署是這樣的：

偵察機：十二中隊派出兩架 RF-84F 偵察機，領隊由中隊長李盛林中校親自擔任，僚機是傅振華中尉。

戰鬥機：四架 F-86F 組成直接掩護分隊，領隊是二十六隊副隊長李忠立少校，三位隊員是二號機尹滿榮少尉、三號機林宗和上尉、四號機潘輔德中尉。

另外有兩個分隊、八架 F-86F 負責誘敵及高空掩護。這八架飛機的總領隊，同時也是第一分隊的領隊，由余鍾禔少校擔任。二號機朱偉明中尉，三號機秦秉鈞上尉，四號機劉文綱中尉；第二分隊領隊是劉憲武上尉，二號機梁金中中尉，三號機李貽鈞上尉，四號機王濤中尉。

這十四位出征的飛行員當中，有一半的成員是在中、少尉階層。雖然這些二十剛出頭的年輕軍官們實戰經驗有限，但是他們的訓練卻是相當紮實，在長官眼中他們的飛行技術也非常優秀，因此特別被挑選出來執行這個任務。

除了人員是經由長官指定，所使用的飛機也經過特別挑選。當時每個中隊的編制是二十四架 F-86F 軍刀機，其中僅有少數是有前緣翼縫的機型。因為有前緣翼縫的飛機在

梁金中與 T-33 型教練機，攝於 1958 年。

纏鬥上較為靈活，所以大隊部指定擔任這次任務的掩護飛機，必須全部都有前緣翼縫。為此，大隊維修科還特別由其它中隊挑了幾架有前緣翼縫的飛機前來支援。

聽著作戰官的提示，梁金中直覺認為，這次任務竟派出十二架戰鬥機去掩護兩架偵察機，上級絕對是希望在掩護的過程中，以強大的兵力

梁金中正在登上一架 F-86 戰機。注意該機的前緣翼縫，以及掛載的響尾蛇飛彈。不過在澄海空戰當天，F-86 尚未使用飛彈。

擊潰前來攔截的敵機。這樣不但可以展示我方在海峽上空掌握絕對的制空權，同時也可以提高全國軍民的士氣，尤其是在中共瘋狂炮擊金門的時候。

其實，早在八二三砲戰的前兩個月，梁金中就已感覺到海峽上空那股「山雨欲來風滿樓」的緊張氣息。先是十二中隊的金懋昶上尉於當年六月十七日在偵察福建連城、長汀一帶的時候，遭到中共米格十七的攔截，不幸於武夷山脈中撞山陣亡。一個多月之後，七月二十九日，一大隊四架 F-84G 在執行大陸沿海偵巡任務時，遭到共軍的米格十七偷襲，長機劉景泉少校被擊傷後跳傘獲救，二號機任祖謀中尉被擊落殉職。

然後就是八月七日，五大隊的副大隊長汪夢泉中校率隊執行巡邏任務時，與共軍遭遇，短暫的纏鬥之後，汪夢泉中校的座機被砲彈擊傷。幾天之後，八月十三日那天，梁金中正在台北休假，住在空軍新生社，[1]那天一大早新生社的負責人對所有住在那裡的

①軍新生社的舊址，在今日台北市八德路、新生南路口。

軍士官宣布：國防部已取消所有軍人的休假，大家務必在最短期間內回到各自的部隊。梁金中從來沒有遇過這種狀況，他意識到一定是有重大事件發生了，於是他放下所有的約會，急急的趕回基地。

當天梁金中回到基地向隊長報到之後，發現除了他已被排入第二天清晨的十五分鐘警戒之外，似乎並沒有任何異常的情況。不過中隊的作戰官卻小聲對他說了一句：「明天會有特別情況。」他聽了之後頓然瞭解，確實是有事的，只是礙於保密，所以沒能直接對他說明，於是他對著作戰官點了點頭，沒有再問下去。

梁金中雖然沒有多問有關任務上的細節，不過他卻將第二天任務組員的名字看了一遍。名單上註明，擔任五分鐘警戒的領隊是李忠立少校，二號機尹滿榮少尉，三號機秦秉鈞上尉，四號機潘輔德中尉。十五分鐘警戒的領隊是劉憲武上尉，二號機梁金中中尉，三號機劉光燦上尉，四號機劉文綱中尉。

第二天，八月十四日，一大早在警戒室裡擔任五分鐘警戒的領隊李忠立少校做完提示之後，向所有擔任警戒的飛行員說了一句：「今天是空軍節，你們可不要在今天給我漏氣！」大家聽了都笑了。幾位年輕的飛行軍官有的是膽子，雖然前一陣子聽到的都是負面的消息，但是他們卻希望能有機會來證明自己的能耐，而那天似乎就是一個這樣的機會！

九點鐘剛過，警戒室的紅色電話響了，戰管下令五分鐘警戒提昇至三分鐘警戒，四位飛行員進入座艙待命。後面擔任十五分鐘警戒的梁金中等四位飛行員，也提昇至五分鐘警戒。

五分鐘警戒的李忠立等四位飛行員剛坐進座艙，就聽見緊急起飛的警鈴響起。在地勤人員的協助下，四架軍刀機很快就將發動機啟動，滑進跑道，凌空而去。

李忠立那四架飛機剛剛起飛，警戒室的警鈴再度響起，梁金中在跑出警戒室衝向自己的座機時，突然想起前一天他從空軍新生社回到隊上，作戰官對他說的「會有特別情況」這件事。看來還真是不假哪。

第二批的四架飛機起飛之後，由戰管引導與第一批起飛的四架飛機集合，然後八架飛機在李忠立少校的率領下，按照戰管的指示往平潭島方向飛去。

然而，梁金中還沒等到任何「特別情況」發生，他的飛機就先發生了狀況。他發現座艙罩內開始結霧，於是打開除霧器，但是絲毫不起作用。隨著飛機繼續爬高，那些在座艙罩上的霧很快的變成了霜，使他對外的視線幾乎完全被擋住，他只能模糊的看到編隊中其它飛機的影子。他知道是因為飛機的增壓系統故障了，於是他立刻將情況向領隊報告。

李忠立少校聽到梁金中的報告之後，轉頭往後一看，只見梁金中的座艙罩已變成乳白色。這種狀況不但無法作戰，連繼續編隊飛行都很危險，於是他下令梁金中返航。

梁金中先將飛機由編隊中脫離，然後調轉機頭，對著桃園基地飛回去。降低高度之後，座艙罩上的霜也就逐漸化去，他索性就將飛機保持在五千呎的高度，一路往桃園飛。在回飛的路上，陸續聽到了長機下令試槍、丟副油箱等命令，那時他心中實在相當懊惱，好不容易有一個在藍天中殺敵的機會，飛機卻發生故障。

當天，那兩批緊急起飛的飛機在福建平潭上空與中共米格十七機群遭遇。激戰之後，李忠立少校及秦秉鈞上尉各擊落一架敵機，潘輔德中尉與尹滿榮少尉聯合擊落一架敵機，達成了空軍第二個「八一四大捷」。國防部在第一時間就對國人發佈這項捷報，中央日報更是臨時印出號外，對社會大眾宣布這項消息。

大家歡欣慶祝這場勝利的背後，卻有一項消息，被政府悄悄瞞住了，沒有向國人宣布。那就是劉憲武上尉分隊的三號機劉光燦上尉，並沒有回來。空軍總部在發佈新聞稿時，正確的說明了有八架飛機出動，一架飛機起飛後不久座艙增壓系統發生故障，於是脫離編隊返航。可是，並沒有說明梁金中就是那位返航的飛行員，反而將他列為參戰的七位飛行員之中。

這種移花接木的手法，讓梁金中相當無奈，但更讓他心痛的是劉光燦上尉的失蹤。在空戰的時候，每個人都只注意到自己的長機或是追逐的目標。劉光燦上尉原本的僚機是劉文綱中尉，可是在梁金中因座機故障而返航後，李忠立少校叫劉文綱取代梁金中的位置，擔任劉憲武上尉的僚機。因此劉光燦上尉就沒了僚機。

劉光燦在失去僚機掩護的情況下，沒有人注意到他發生了什麼事。一直到空戰後集合時，大家才發現劉光燦上尉失蹤了。所以這個消息除了讓梁金中替劉光燦教官感到婉惜之外，更讓他瞭解，空戰時僚機與長機之間互相支援與掩護的重要。

八一四大捷之後，海峽上空的緊張氣息與日俱增，幾乎每天的巡邏任務都有敵情，跑道頭的警戒機群也由八架增加到十六架。那時所有的訓練都已停止，只要飛機起飛，就是執行作戰任務。八月二十五日，五大隊的蔣天恩中校與顧樹庠少校兩人，又在掩護金門運補任務中擊落了兩架敵機。這也使得五大隊的士氣高到爆表，每個人都爭先恐後，主動要求擔任出擊任務。

在這段日子裡，梁金中雖然幾乎每隔一、兩天就被派到巡邏與掩護的任務，不過都沒有機會與敵機遭遇，直到九月八日那天……

九月八日上午十一點，擔任高空掩護的八架飛機先行起飛。這次與平常的作戰任務不同，起飛之後並不往西出海進入台灣海峽，而是向戰管報到後立刻迴轉，在本島上空向南邊飛去。三分鐘後，兩架偵察機與四架擔任直接掩護的飛機起飛，同樣的也是起飛後迴轉，向南飛去。

這先後兩批飛機在戰管的引導下，於台中的南方會合，然後由嘉義附近出海，對著目標汕頭直奔。

這十四架飛機在台灣海峽上空飛著，梁金中也在座艙中不停的向四下索敵，然而中共方面卻一點反應都沒有。藍天中看不到任何敵機的影子，戰管的雷達上也沒有看到敵機的動靜。

機頭的正前方出現了一個島嶼，梁金中知道那是汕頭外圍的南澳島，當天的目標就是汕頭西北方五十浬的澄海機場。他看著那兩架偵察機及四架直接掩護的軍刀機通過南澳島上空，直對著澄海機場飛去，那時不但空中沒有飛機來攔截，地面的防空砲火也沒有任何動靜。

這種不尋常的安靜，像是暴風雨前的寧靜。雖然他期盼能與米格十七遭遇，但敵方這種避而不出的戰術，卻讓梁金中有種毛骨悚然的感覺。

偵察機順利的通過澄海機場上空，將地面的情形攝入了底片，然後轉向回航，掩護機群也跟著轉向。就在這個當下，突然之間戰管通知他們：一批敵機正朝他們的左後方快速追來。

知道敵機在向他們追來之後，梁金中反而鬆了一口氣。原來對方的意圖是要等軍刀機返航之際才出手，這樣他們所面對的是油料已經降低的軍刀機，無法與中共米格機做持久的纏鬥。

擔任高空掩護的領隊余鐘禔在知道敵機已經在向他們追來時，一開始沒有做出任何接敵的指示，僅是讓所有僚機注意左後方，同時繼續伴隨著偵察機往台灣返航。畢竟「掩護偵察機」才是這次任務最主要的目的！

戰管不斷報出敵機的位置，最初是每接近四浬報一次，等接近到某一距離時則改成每兩浬報一次。梁金中在座艙中不斷回頭，不斷放眼朝著左後方搜尋，但是藍天白雲仍是那麼的祥和，沒有任何敵機的蹤影。

戰管報出敵機已經接近到十浬。這個距離，用肉眼就可以看得到敵機了。梁金中的眼球幾乎要爆出眼眶似的，對著左後方一吋一吋的尋找。終於，他在左後方天地線稍低的地方看到了幾個小黑點，無疑就是向他們追來的米格十七！於是他按下通話按鈕，向長機報告：「Bogie 8 o'clock low（敵機在八點鐘下方）。」

總領隊余鐘禔少校聽到梁金中的報告之後，很快的也看了那批向他們快速接近的敵機，然後回報戰管：「目視敵機。」

戰管聽到掩護機群已經看到敵機之後，就停止了管制，由總領隊余鐘禔少校開始指揮掩護機群。余鐘禔先下令擔任高空掩護的八架飛機調轉機頭，與敵機成對頭方式，同時並下令所有人將副油箱拋棄。軍刀機丟掉了翼下的兩個油箱之後，減輕了不少負擔，頓時變得更輕巧與靈活。

至於擔任直接掩護的四架軍刀機，則還是緊緊跟著那兩架偵察機。對於他們來說，將偵察機機腹中的底片安全的護送回本島，比擊落敵機更重要。

梁金中隨著長機轉過頭，朝著敵機飛過去，這時發現那些小黑點已經變成銀光閃閃的米格十七，而且米格十七的機頭還冒著火光！顯然米格十七已經開始對他們開炮。此時彼此距離還遠，梁金中和友機還沒進入米格十七的射程，但是看著砲口閃著火光、對著他們直衝而來的敵機，他頸後的毛髮不禁全豎了起來。他知道今天將有人回不了家了！

很快的，那批米格十七就與這八架軍刀機對頭通過了。就在通過的一剎那，總領隊余鐘禔少校猛然拉起機頭，開始反轉。這個敏捷的動作立刻拉開了戰鬥的序幕，其它的幾架軍刀機也隨著他的動作開始反轉。梁金中跟著長機劉憲武上尉轉過來之後，發現天空中好像到處都是飛機似的，中共的米格十七絕對在數量上超過軍刀機。但是現在已無暇去算到底有幾架敵機了，八架與十八架是沒有太大分別的。

梁金中看到總領隊余鐘禔已經追上了他右側的一架米格十七，他自己的長機劉憲武上尉則開始追擊左側的兩架敵機。梁金中緊緊的跟在劉憲武的左側，掩護他的後方。就在那時，他看到劉憲武前方的兩架敵機中，有一架開始向左脫離，他直覺的想將自己的飛機拉開去追擊那架飛機，但是突然想起了八一四那天沒有回來的劉光燦上尉。他的責任目標重新回到心中，他很清楚知道此刻他的責任是掩護長機，合作的團隊才有致勝的希望。於是他將注意力重新放到自己後側的左右兩方，開始搜尋，確定沒有其他的敵機會由後面來偷襲。

梁金中因為是飛在劉憲武的左邊，所以對劉憲武的右側一目了然，他必須注意的是由左方來的敵機。就在梁金中隨著劉憲武的飛機在空中穿梭時，他突然由眼角的餘光看到左上方似乎有一架飛機正對著他衝下來。自衛的本能讓他猛然的向左後拉桿，飛機立刻向左上方翻飛而去，他一面做這個動作一面想：如果那架敵機的目標是長機劉憲武的話，那麼他拉開之後，還可以做一個右桶滾，滾到那架敵機的後面，去替長機解圍；如果那架敵機是想攻擊他的話，那麼他轉向左上方，也算是暫時躲過了一擊。而最重要的是，他這樣猛然的向左拉升，長機劉憲武一定可以看到，這樣長機就知道自己的僚機已經轉走。

很快的，梁金中就發現那架敵機跟著自己轉了過來。於是他加強了駕駛桿後拽的力量，飛機瞬間達到七個G，一股強大的G力將他牢牢釘在座位上難以動彈，厚實的頭盔重重從頭頂上壓下來，使他的頸部承受著巨大的壓力，帶桿的右臂也因用力過猛而感到酸麻，但是他絲毫不敢放鬆帶桿的力量，因為他知道，敵機必須要將飛機帶過七個G才能跟得住他；而他更知道，米格十七的火力控制系統是老式的瞄準器，飛行員自己必須算出開炮的前置量。在這樣大G的轉彎動作中，梁金中很肯定敵機的飛行員絕對無法在那種情況下對他瞄準開炮。

梁金中的頸部在自己頭部與頭盔的重大壓力下，好像已經沈重到絲毫不能轉動了，但是他仍奮力轉頭瞄了一下，發現那架敵機已經被甩到外圈。於是他收小油門，放出減速板，這個突然的減速將敵機甩到更外圈。這時他再將減速板收回，同時反桿反舵，讓飛機反轉，這是企圖由劣勢轉為優勢的剪型動作。

梁金中發現，那位敵機的飛行員對這種空中纏鬥

油量偏低的長機劉憲武知道梁金中已經佔據有利位置，因此放心離去，留梁金中獨自在現場解決敵機。本圖為 823 砲戰後劉憲武在美國受訓時留影。

的技巧似乎不太熟悉，不知道是因為慌亂還是緊張到忘了，敵機飛行員竟然沒有收上減速板，大大減低了飛機的靈活度。既然如此，在這種情況下，那架敵機只與梁金中交叉對頭兩次，就衝到梁金中的前面，處於被獵捕的地位了。

就在這一片混亂、腎上腺素大量湧現的時刻，梁金中突然在耳機中聽到長機劉憲武急促地喊了一句：「梁金中，誰在前面？」

梁金中聽到劉憲武的聲

澄海空戰中，梁金中雖非戰場主角，卻在短短的幾十秒內擊落性能更優異的米格 17。

音，覺得真是高興無比，因為那代表在梁金中脫離長機之後，劉憲武並未受到其它敵機由後方的偷襲。雖然劉憲武說話的口氣很急促，不過梁金中仍然感受到了那股關懷。只不過，眼前梁金中正與那架米格十七進行生死纏鬥，完全沒時間分心去說任何話，於是就很簡短的回了長機一個字：「他！」

其實，劉憲武在前幾分鐘之內已經擊落了兩架敵機，飛機的燃油極低，剩下不到七百磅。看來油量已不夠讓他飛返桃園了，僅能勉強支撐到台南，他必須立刻離開戰場。於是他四下尋找僚機梁金中，結果在遠遠的天際看到了兩架糾纏在一起的飛機，他無法判定是誰佔到上風，只有開口問。等到梁金中告訴他已經飛在米格十七的後面時，他知道以梁金中的技術，擊落那架敵機該是沒問題的事。於是他就直接調轉機頭，先朝向本島返航。

而梁金中在轉到那架米格十七的後面之後，也知道他必須儘快開槍，才能及早離開戰場，因為他自己的油量也已經很低了。

兩架飛機之間的距離大概只有五、六百呎左右，而且兩架飛機的速度幾乎是相同的，所以兩機之間沒有任何的接近率。梁金中先扣了一下扳機，看到曳光彈直射向敵機的左翼，接著他略做修正，將雷達光圈中心點對向敵機的尾部，然後再度扣下扳機。

他清楚看見子彈打進了敵機的尾管及張開的減速板，子彈撞擊到敵機的同時，敵機尾管也閃出火光，並噴出一些碎片。毫無疑問，敵機引擎已經受創，接著右翼根也開始冒煙。梁金中本想再開槍，但是此時敵機已經開始向右邊下墜，這可能是敵機飛行員已中彈失能。於是梁金中沒有再繼續射擊，左手將油門推桿推上，由那架正在墜落的敵機左側拉開。通過那架敵機時，梁金中看了那架敵機一眼，他真心的希望那位飛行員能有機會跳傘。

梁金中拉開之後，先推頭進入一層薄雲層下，開始檢查飛機儀錶和油量。他發現自己正在汕頭附近的上空，油表只剩六百餘磅，根本不夠他返回桃園本場。現在只求先離開中國大陸上空，再來盤算飛馬公或是台南了。於是他迅速地對著東方爬升。

油箱幾乎空了的軍刀機，在全推力下爬高的很快，轉眼梁金中就已爬到了三萬多呎。離開大陸海岸不久就看到了馬公，他本想直接落在馬公，但是想到馬公機場沒有軍刀機的地面裝備，還得大費周章用空運機將裝備空運到那裡，才能重新啟動軍刀機。而現在油箱裡還有兩百多磅燃油，於是梁金中決定繼續飛往台南。

剛過馬公不久，梁金中看到了四條白色凝結尾朝他而來，同時耳機中傳出三大隊八中隊陳景春隊長的聲音：「梁金中，我是陳景春，不要怕，我們已經看到你了。」原來在余鐘禔這批飛機開始接敵的時候，戰管就下令屏東三大隊擔任警戒的飛機升空，立即前去支援。而梁金中兩年前在屏東接受軍刀機換裝訓練時，曾受教於陳隊長的麾下，因此當他聽到陳景春這句關懷的話，除了感到溫心之外，更體會到這次任務真是空軍大團隊的作戰，而其中真正的主角，是那兩架偵察機。

梁金中接近了台南機場，他將通訊波道換成塔台波道。就在這時他聽到他的長機劉憲武正在迫降航線上，②於是梁金中也通知塔台，他通過跑道上空之後，也將進入迫降航線。

②迫降航線的全名是「熄火迫降航線（Simulated Flameout Approach）」，顧名思義這個航線是為了失去動力的飛機而設計的，這個航線的要點是讓失去動力的飛機先進入機場跑道的高關鍵點，通過這一點時的高度及速度是根據該型飛機的性能而設定（T-33的高關鍵點是五千五百呎，時速是一百五十浬；相形之下，F-104的高關鍵點高度是一萬呎，時速二百五十浬），飛機通過高關鍵點之後，立刻向左（或右，視該機場周遭的環境而定）開始回轉，當飛機按正常下滑率及速度轉過一百八十度時，該正在正常航線的三邊，那一點就是低關鍵點（T-33低關鍵點高度為三千五百呎，時速為一百五十浬，F-104則是高度五千五百呎，速度二百五十浬）；飛機通過低關鍵點之後，繼續回轉，通過航線四邊後，繼續轉進五邊，然後在進入跑道時，高度該正好接近地面（如附圖）。

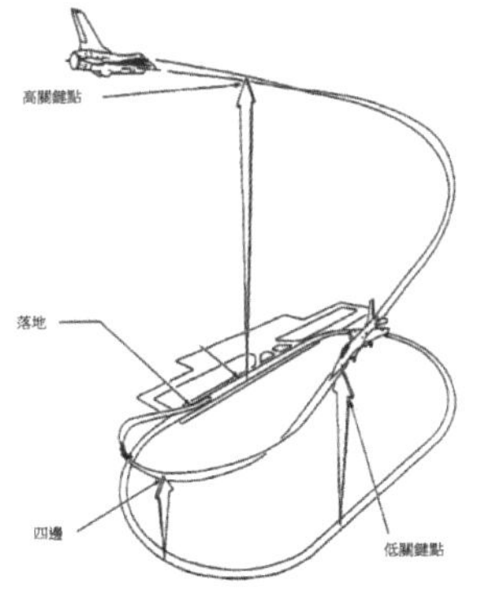

飛機進入台灣本島上空，梁金中低頭查看儀錶，被自己看見的景象嚇了一大跳：油量錶的指示竟然是零！那是他第一次在飛行中遭遇油量錶指零的情形。他心中很明白，飛機隨時可能熄火，但現在除了依照規定飛迫降航線進場之外，只能心裡先做好準備，隨時應付飛機熄火之後的狀況。

就在他轉入五邊之後不久，燃油耗盡，飛機停俥了。他盤算著，藉著飛機的餘速與高度，應該可以將重達一萬多磅的軍刀機當成滑翔機，飄降進場降落。

落地後，他用飛機的餘速將飛機滑出跑道，然後等待拖車前來把飛機拖回停機坪。事後在檢查飛機時，發現左機翼前緣出現一個小裂孔，維修部門推定是在射擊敵機時距離太近，被敵機身爆炸出來的碎片撞到。看著那個小洞，梁金中覺得自己真是幸運，那個碎片沒有被吸入進氣口內。他更覺得幸好當天他的射擊非常理性，看到敵機中彈冒煙就停止射擊。如果他很情緒化的狠狠扣住扳機不放，敵機中彈過多會爆炸出更多碎片，那麼他自己也可能被飛濺出的碎片擊中。假如這樣的話，這場空戰的完美結局就很可能會改變！

當天那兩架偵察機成功的拍攝了澄海機場的空拍相片，而擔任高空掩護的機群也創下擊落五架敵機的紀錄（劉憲武上尉擊落二架、余鐘禔少校、秦秉鈞上尉、梁金中中尉各擊落一架、朱偉明中尉可能擊落一架），所以是一次完全成功的任務！

九八空戰之後，海峽上空又繼續的在當年九月十八日、九月二十四日、九月二十五日及十月十日發生了四場空戰。尤其是在九月二十四日的那場空戰中，響尾蛇飛彈第一次在空戰中被運用，締造了十比零的輝煌記錄。③

民國一百零七年，正好是九八空戰發生六十週年。滿頭白髮的梁金中教官回憶起六十年前那場空戰時，他想的不再是空戰的細節，而是那場空戰的影響。他覺得在那一連串的空戰中，空軍成功的將中共企圖解放台灣的野心，阻擋在台灣海峽的彼端，確保了台灣日後的安定與繁榮。

作為一個空軍老兵，他知道他曾在這段大歷史中，擔任過一個小小的角色。

③請參看《飛行員的故事第一集》中的〈響尾蛇飛彈第一戰——十八羅漢台海立奇功〉。

第3章

沒有出發的任務

郭聖先少校

民國五十四年二月初，台灣北部仍有一些冬末的寒氣，加上連日綿綿細雨，更讓陣陣的西北風吹在身上有著刺骨的感覺。

清晨六點鐘，桃園空軍基地六大隊的作戰室裡，有位美軍少校作戰官正對著坐在裡面的一群人解說當天即將執行的任務。

那天在那裡聆聽任務航行提示的人，比平常的任務要多了不少。其中有當天負責執行任務的飛行員郭聖先少校、預備機飛行員張育保中校、副隊長鄒寶書中校、中隊長王太佑中校、大隊長戚榮春上校、一位空軍總部情報署的上校，以及一位美軍顧問團的代表。由這些列席的人看來，這次的任務一定非比尋常。

確實，這個任務是四中隊的 RF-101「巫毒式偵察機」成軍以來，最遠也是最艱鉅的任務。因為這次任務的目標是海南島的海口市，距離桃園的直線距離差不多有七百餘浬，遠遠超過 RF-101 的作戰半徑。

RF-101 光靠自身的油量，根本不適合執行這個遠程任務。因此美軍太平洋空軍司令部（其實，這次任務就是由美軍太平洋空軍司令部下達的）決定在東沙群島附近安排一架美國空軍 KB-50 型空中加油機滯空等待，準備在那裡替任務機加油。

即使去程有了美軍負責空中加油，可是任務機偵照完畢之後，還是沒有足夠的油料返回本島。所以美軍繼而決定讓任務機在執行完任務之後，轉場落越南的峴港美軍基地。

由美軍進行任務說明

簡報開始前，那位美軍少校先把一份航圖交給郭聖先少校，然後才說明當天的任務。他表示，任務機將在十點由桃園起飛，起飛後保持低空直奔東沙群島，中途以馬公作為檢查點。等到距離東沙群島十浬時，任務機就爬高到六千呎，在那裡與一架早已等待多時的美軍 KB-50 空中加油機會合。在這個階段，如果任務機在一分鐘之內無法目視加油機或是透過尋標器（DF, Direction Finder）找到加油機的話，就必須立刻調頭，由高空對準台南返航。

如果一切順利，完成空中加油之後，郭聖先再降低高度，由低空對著海南島飛行。距離海南島海岸六十浬的時候，任務機就將副油箱拋棄，高速爬升到四萬呎，對著海口飛去。

進入海南島上空後，任務機將照相機打開，開始拍照；通過海口之後，繼續順著海岸線西飛，直到海南島西海岸，再將照相機關掉，這時轉向越南峴港的美軍基地。在越南落地之後，任務機將在次日經由菲律賓的克拉克美軍基地，飛返桃園。

美軍少校作戰官做完他的解說之後，另一位美軍的氣象官開始做有關氣象方面的提示。根據美國海軍的天氣預報，這次任務沿途的氣候，除了本島附近有些低雲之外，全程都將是

四架國軍的 RF101 編隊飛過基地上空。

萬里無雲的好天氣。

美軍最後一位做提示的是一位情報官。他指出，根據情報，中共在海南島並沒有佈署地對空飛彈，因此在當地郭聖先唯一可能遭遇的威脅，就是駐在那裡的敵機。美軍情報顯示，中共在海南島已有米格十九進駐，所以郭聖先穿越海南島上空時，估計將有不少高性能的敵機會上前攔截他。最後，美軍情報官將當天加油機的航線、高度與無線電的頻道告訴郭聖先，同時也給了他一份峴港美軍基地的穿降圖。

美軍方面的提示完畢之後，四中隊的作戰長開始對該次任務航線附近的一些敵情做簡報。他表示，中共在福建的龍田、惠安及廣東的澄海、沙堤等幾處軍用機場都有米格十九進駐，那些飛機可能會對這次任務有相當的威脅。因為有這些敵機，所以任務機由桃園出海，一直到澎湖西南兩百浬處，都保持低空飛行。作戰司令部會派遣掩護機在高空執行掩護任務。

一架完美的飛機

機務部門在提示時強調，這次任務所使用的飛機是剛完成一百小時檢查，並經過試飛測試後的妥善機。機務部門並指出，為了這次長程任務，連平時一般任務中用不到的空中加油裝置，也加以測試，整架飛機沒有任何缺點。機身油箱及機腹下兩個四百五十加侖的副油箱也全部加滿燃油。而為了進一步節省燃油，飛機已經預先拖到跑道頭，郭聖先少校就在跑道頭登機。

各個部門的提示完畢之後，主持提示的美軍少校詢問郭聖先少校及所有在場的人士，對這次任務中的各項提示有沒有疑問。郭聖先已經出過無數次任務，他覺得這次任務除了距離比較遠、又有空中加油的步驟之外，與其他以往所出過的任務，並沒有太大的差別。於是他搖搖頭表示沒有問題。

這時大隊長戚榮春詢問美軍少校：越南的峴港美軍當局是否知道這次任務。美軍少校表示，除了峴港基地的美軍指揮官知道這次任務之外，沒有任何人知道這個任務。但是當地的戰管及塔台都有被告知，當地時間中午左右會有一架中華民國空軍的 RF-101 偵察機飛抵，然而他們完全不知道這次任務的詳細內容。聽了他的回答，大隊長點了點頭表示滿意。

接著，美軍少校再度詢問在場的人有沒有其他問題。其實如果執行任務的飛行員都沒什麼問題的話，其他人基本上是不會有什麼問題的。美軍作戰官在任務提示即將結束之際，先與郭聖先對時，然後再度提醒郭聖先：登上飛機之後是待命起飛，在預定起飛時間十點整的時候，要注意聆聽由塔台所發出的一長一短信號。聽到信號，才可以發動引擎起飛。

任務提示結束，大家魚貫走出作戰室。大隊長走到郭聖先旁邊，看著他似乎想說什麼，但最後只說了句：「一切順利！」郭聖先聽了連忙對著大隊長說：「謝謝大隊長關心。」然後敬了個禮。大隊長回禮後就離開了作戰室。

郭聖先接著前往個裝室著裝，而當天的預備機飛行員張育保中校則前往跑道頭去替他檢查飛機。

隊友的往事浮現心頭……

郭聖先一面著裝，突然想到一個多月之前，亦即民國五十三年的十二月十八日，也是在這麼一個寒冷的天氣下，中隊作戰官謝翔鶴少校在執行對浙江海岸的偵察任務時，被中共的米格十九戰鬥機擊落。那是自從四中隊的 RF-101 巫毒式偵察機完成戰備以來，第二架被中共擊落的飛機，先前吳寶智少校於民國五十年的八月二日，在偵察福建福州地區時，不幸被地面砲火擊落。①

郭聖先與吳寶智、謝翔鶴兩位隊友都非常熟悉。他們兩人先後被擊落，也讓郭聖先心裡產生了壓力。尤其是在謝翔鶴被擊落之後，郭聖先去謝翔鶴家裡通知謝太太噩耗，當時他看見謝翔鶴的太太抱著剛出生的女兒，哭得肝腸寸斷，那個景象除了讓郭聖先感到痛心，更讓他想到：如果是自己在執行任務時發生任何意外，他的妻小該如何面對？他搖了搖頭，試圖將那些雜念摒除在思慮之外。

郭聖先穿好抗 G 衣，揹上降落傘，拿著頭盔走出了個裝室。他發現中隊長王太佑竟然站在外面，而且王太佑說要開車送他到跑道頭去登機。

開車前往跑道頭的路上，郭聖先以為王太佑會對他說一些話，但是中隊長卻非常安靜，什麼話也沒有說，不過郭聖先可以感覺到中隊長有幾次欲言又止。這種可怕的寂靜，使得郭聖先感到非常不自在。他轉頭看著車外道路旁在風中抖動的野草，突然想到了

① 吳寶智少校與謝翔鶴少校兩人均在飛機被擊中後跳傘逃生，兩人都被中共俘獲，監禁十餘年後，謝翔鶴少校於民國七十一年被釋放遣送返臺，而吳寶智少校則選擇赴美。

偵照任務危險性極高，被俘、陣亡或座機中彈負傷並非罕見。左起吳寶智（被俘）、李盛林、宋亨霖、葉常棣（被俘）、郭聖先、余建華。

「風蕭蕭兮易水寒……」這個名句。這個想法，讓他心中為之一震。為了掩飾不知哪裡跑來的這一陣不安，他只好趕快對中隊長王太佑說：「風好大啊。」

隊長點了點頭，只回了一句：「是啊……」車內再度回到原有的寂靜。郭聖先想再講些什麼，可是吉普車已經開到跑道頭 **RF-101** 的旁邊了。

張育保中校站在飛機旁邊，告訴郭聖先飛機一切正常。郭聖先謝了他，隨即將頭盔帶上，接著爬上階梯，中隊長在他後面也跟著爬上登機階梯。

郭聖先坐進座艙，抬頭看了站在爬梯上面的隊長一眼。王太佑平常實在不太說話，但郭聖先可以由他臉上的表情看出來，王太佑彷彿想說些什麼，卻找不到適當的話似的。最後，隊長嚴肅的臉上勉強擠出一絲笑容，對郭聖先說：「到越南之後，好好休息一下，不必趕著回來。」

郭聖先聽了之後沒說什麼，只是點了點頭，坐著對王太佑敬了個禮，然後按下關座艙罩的電門。座艙罩緩緩下降，將外界寒冷的空氣及機外一切人事物都與自己隔絕。從這一刻起，在未來的三個多小時內，這個狹窄的座艙就是他的活動空間，直到他在越南峴港美軍的空軍基地落地為止——如果一切順利。

座艙中的回憶：如何進行空中加油

在座艙中坐妥，郭聖先將安全帶繫好，氧氣面罩插入插座，繼而將所有開俥前的手續確實照著程序做好。然後他看了看手錶，十點差十分。這又是個難熬的十分鐘。

郭聖先想，他最好管理一下自己的思緒，將焦點放在任務上。於是把放在大腿上的那份航圖拿起來重新看一遍：05號跑道起飛後立刻調轉機頭往西出海，出海之後保持低空，向西南方向高速飛行，二十分鐘後澎湖群島將在飛機正前方出現，這是第一個檢查點。然後他將校正航向，繼續在低空向西南方飛行。想到這裡，他覺得幸好這種飛機配備有自動駕駛功能，可以減輕不少低空、高速飛行時的負擔。

接下來，離開澎湖一百浬之後，他將失去所有的無線電助航，僅能依賴推測航行。不過當天海上的風速不大，所以這該不是個問題。接近東沙群島二十浬時，他必須試著由 **DF** 去尋找那架美軍的 **KB-50** 空中加油機。

想到空中加油，郭聖先不禁想到我國空軍因為在台灣的活動空間不大，飛行員從沒有空中加油的需要。而美軍在提供四中隊這種有空中加油裝置的 **RF-101** 之後，為了要擴大偵照範圍，因此建議讓四中隊的 **RF-101** 飛行員進行空中加油訓練。**RF-101** 上有兩種空中加油裝置，第一種是利用座艙罩前面、機鼻部位上一根可以伸出及收回的受油管，與加油機機翼下伸展出的加油管結合之後，燃油就會從加油機注入 RF-101。這種方式最大的缺點是燃油流量不大，加油時間較長，同時因為加油機伸展出來的加油管是軟管，會在空中隨著氣流擺動，受油的飛行員必須小心操縱著飛機向加油管接近，才能將受油管與加油管順利接上。

另外一種加油裝置則是由一位坐在加油機尾部的加油士操作加油機下方的一個硬式加油管，直接插進 RF-101 機背上的一個受油口。一般美國空軍的飛機都採用這種加油方式。

雖然美國空軍都是使用機背的受油口來加油，但是不知為了什麼，美軍卻讓四中隊的 RF-101 飛行員使用第一種方式，亦即軟管的空中加油。

為了訓練我國 RF-101 飛行員空中加油的技術，美軍派來了一位教官，對四中隊的飛行員們講授軟管式的加油原理及技巧。美軍教官說，加油機機翼下施放出來的軟式加油管接頭，在最外面有個加油罩，形狀很像籃球框，外圈是一層很厚的橡皮。因此即使受油的飛機在向加油機接近時，被加油管撞到機身，也沒有關係。加油罩的中心則是加油管的接頭，由磁鐵製成，當 RF-101 的受油管進到加油罩裡，就會被加油管的強力磁鐵吸住。一旦加油管與受油管接妥，加油機與 RF-101 座艙裡的相關信號燈就會變綠，這時加油機內的加油士就會把幫浦打開，讓燃油由 KB-50 流向 RF-101。

空中加油的地面課程完畢之後，真正的空中加油練習是在宜蘭外海進行。美軍派出一架 KB-50 加油機與四中隊的 RF-101 展開訓練。和 KB-50 進行協同訓練並不容易，問題在速度：KB-50 是由螺旋槳推動，在六千呎的空層最快只能飛到兩百二十浬，而 RF-101 的空速降低到兩百二十五浬以下的時候，必須放下襟翼，以增加升力。在這種低速放下襟翼，RF-101 的操縱性能就大打折扣，此時飛行員又必須將兩具發動機中的一具後燃器打開，以增加推力來維持升力及起碼的操縱性。

當加油管與受油管接妥，燃油開始流向 RF-101 的時候，RF-101 的重量會越來越重，這時飛行員必須非常小心的將油門慢慢推上，保持飛機的速度。如果在這個時候油門控制不當，使得 RF-101 沒有保持與加油機同樣的速度，加油管就會鬆脫，整個步驟就得重來一次。

當時四中隊的每一位飛行員，都曾在宜蘭外海上空受過這種空中加油訓練。然而到郭聖先出任務的那天為止，還沒有任何任務的距離遠到需要空中加油。因此，郭聖先對於他即將成為「中華民國空軍第一個在執行作戰任務中，需要空中加油的飛行員」感到興奮，也有些惶恐，因為這其中的變數太多，萬一無法與加油機如期在東沙上空會合，或是加油過程中有任何意料之外的事發生，都會讓這次任務無法順利完成。

郭聖先在座艙裡繼續看著航圖。順著東沙島往西，海南島與東沙之間的距離在地圖上僅是幾寸的距離而已，但是他必須要以四百多浬的速度飛上四十分鐘，然後在海南島以東六十浬的地方將副油箱拋棄，開始以大角度爬高，一直衝到四萬呎高空，接著朝向海口直奔而去。

郭聖先很容易想像：自己爬高之後，中共的雷達一定已經看到了這位高速前來的不速之客。不過郭聖先的 RF-101 是飛在四萬呎的高空，地面的高射砲對他並不構成任何威脅，加上根據美軍簡報當地並沒有佈署地對空飛彈，所以他在海南島唯一會碰上的對手，應該就是駐在那裡的米格十九了。

座艙中的回憶：米格機空中追擊

郭聖先對於米格十九並不陌生。就在前一年的十一月十五日，他在執行對寧波樟橋一帶的偵察任務時，就曾經在進入目標之前，遇到前來攔截的米格十九。

當天郭聖先由桃園起飛，也是保持著低空向寧波方面前進。飛機通過寧波東邊的桃花島時，他帶起機頭，打開後燃器，飛機在強大的推力下很快就衝到四萬呎高度。然後他輕輕將駕駛桿推前，讓飛機再俯衝到三萬五千呎高度，那時速度已經高達一點一馬赫。就在郭聖先預備向左轉向目標開始偵照的時候，眼角餘光似乎瞥見自己的右側有個東西在那裡。他立刻轉頭向右看，發現在他四點高方位有一架米格十九，機頭帶著橘黃色的煙硝向他衝來。他判斷那橘黃色的煙不是敵機在開炮，就是在發射火箭，於是他立刻向右壓桿，讓飛機以大坡度向右翻滾而下，同時推頭讓飛機進入俯衝。

飛機在後燃器的推力及俯衝的狀態下，很快就飆到了一點三馬赫，而他知道米格十九的最大速度只有一點二馬赫，所以他保持著這個速度繼續轉向東飛，等他衝到兩萬五千呎高度的時候，他再度轉頭去搜尋，卻發現那架飛機仍然在他的五點鐘方向，只是距離比剛才遠了一些。郭聖先思索著，如果現在向右轉回台灣的話，等於是平白送個機會給了那架在尾部窮追不捨的敵機，讓它可以接近自己。於是他決定繼續往東，直接前往琉球的嘉手納美軍基地落地。此時他的高度已經到了五千呎以下，離開浙江海岸也超過一百浬，據他對中共空軍的認識，他們不會追出海那麼遠。眼看他自己的油量也已經偏低了，於是他拉起機頭，將飛機衝到四萬呎以上，頓時飛機的尾部就產生了粗大的凝結尾，明顯可見。他將飛機帶到這個高度是有原因的，因為任何前來攔截他的飛機也會產生凝結尾，這樣他就可以及早發現。

座艙中的回憶：冒著敵人的砲火前進

那一天雖然因為遭遇中共米格十九的攔截，而未能完成任務，但是郭聖先也曾在地面猛烈的砲火下，即使飛機被砲彈擊傷，仍然毫不畏縮繼續前進，將偵照任務完成。

那是在民國五十一年初夏，我方有情報顯示中共大批軍機進駐福建龍田、惠安及沙堤等軍機場。為了徹底瞭解那些軍機的種類及數量，於是在當年六月二十七日由四中隊派出一架單機，前往這三處機場執行偵察任務。郭聖先那天剛好輪到出勤，他因此在上午十一點半由桃園起飛，駕著一架 **RF-101** 由低空前往空拍。

那三座機場都在福建沿岸，郭聖先決定由龍田的北邊切進大陸上空，然後一路順著海岸線南下，經過每一個機場時都是以一千呎的高度通過。飛在這種連機關槍都可以打得到的高度，看著砲彈、子彈由下往上對著他衝來，這還真是需要一些膽子。

那天他通過龍田機場時，只覺得漫天砲火，整個天空被黑色煙雲所遮蔽，他知道那全是地面對著他發射的。為了讓照相機能夠照到最清楚的相片，他完全沒有做出任何迴避動作，硬著頭皮往砲火中衝去。就在他即將飛出龍田機場的範圍時，突然聽到「砰！」一聲，他立刻知道飛機已經中彈，只是不知道是哪個部位中彈了，更不知道飛機受傷的程度。他快速檢查了一下儀錶板，沒有看到任何異常的指示；他又動了一下駕駛桿及蹬了一下舵，發現除了操縱系好像有些遲鈍，但整體來說飛機還可以控制，於是他決定照原計畫繼續前往另外兩座機場。

那一天，中共大概是鐵了心，絕對不可讓這架偵察機把大陸的軍事設施及軍機的佈署狀況帶出大陸。所以稍後郭聖先飛抵惠安、沙堤兩座機場時，地面的砲火似乎比龍田機場還要猛烈！飛機機腹及機翼不斷傳出「乒、乓！」的響聲，而那時的郭聖先就像是在長板坡之戰的趙子龍似的，為了護送幼主劉禪，在砲火中幾度進出。只不過巫毒機的機腹中裝的，是比阿斗更有價值的偵照底片！

當天郭聖先歷劫歸來，回到桃園落地，滑回停機坪時，見到底下一大堆人對著他的飛機指指點點，他就覺得飛機受的傷一定很重。等他將飛機停妥，爬下飛機之後才發現，不但機身、機翼上有不少高射砲火碎片所造成的小洞，飛機的垂直安定面及方向舵更被打得傷痕累累，其中尾舵竟被打掉了三分之二的面積！這種情況下他還能完成任務，安全返航，真是僥天之幸！

郭聖先這次不顧自身安危，在飛機被擊傷之後仍堅持繼續執行任務，直到完成所有的機場空照才飛返基地落地。這個事蹟立刻傳開，當時擔任空軍總司令的陳嘉尚上將在當天下午就召見郭聖先，除了當面嘉勉，還特別頒發三萬元獎金作為鼓勵。五十餘年前的三萬元，是相當管用的一大筆錢。

回到眼前……任務時間到！

這些往事在郭聖先腦中不斷飛掠。此時坐在座艙中的郭聖先猛然想起時間，於是又看了看錶：只差半分鐘就要十點了。他看了看機外，發現中隊長王太佑及張育保中校還站在那裡。他轉過頭來，注視著前方的跑道，同時等待耳機中即將傳來的一長一短信號。只要聽聞這個信號，他將立刻啟動引擎，踏上征途。

手錶的時針指著數字十，分針、秒針都通過數字十二。十點整！不過，郭聖先沒有聽到任何信號，他不知道發生了什麼事，但是他想著一定是哪個環節出了狀況，才延遲了命令的下達。

等待的時間相當難熬。郭聖先一直在想，到底是出了什麼事。又過了五分鐘，還是沒有聽見那個出征的信號。站在機外的隊長似乎也有點著急，不停看著手錶，同時吩咐張育保中校到飛輔室去用電話向相關單位查詢。

又過了十多分鐘，張育保中校好像得到了一些訊息，由飛輔室回來向隊長說了一些話，隊長就轉頭吩咐地勤人員將爬梯重新放在座艙旁，然後隊長爬上上

四中隊的 RF101 飛行員合影。郭聖先那次任務取消之後不久，張育保的 RF101 被擊落陣亡。後排左起：沈江田、郭聖先、張育保（陣亡）、戚榮春、宋亨霖、葉常棣（駕駛 U2 被俘）、鄒寶書。前排左起：陸存仁、余建華、劉序、李南屏（駕駛 U2 陣亡）、謝翔鶴（被俘）。

來，站在座艙旁邊，臉上露出笑容，作勢要郭聖先把座艙罩打開。

「出來吧！任務取消了。」郭聖先將座艙打開後，聽到隊長對他說。

原來，當時中華民國政府與美軍之間的協議是，美軍發出偵察任務的要求之後，必須得到中華民國政府的同意，任務才能實施。而那一天政府的高層一定是覺得沒有必要冒著那麼大的風險，去替美軍出那個任務，於是在最後關頭將任務取消。

那個任務雖然沒有成真，但後繼的任務仍然不斷的在執行。就在郭聖先的任務取消之後一個多月，民國五十四年三月十八日，張育保中校在一次對汕頭的偵照任務時，不幸遭到米格十九擊落，張育保陣亡，留下妻子與兩個女兒。

轉眼那些兩岸之間敵對的日子，都已是五、六十餘年前的往事了。郭聖先教官替國家出了無數次艱鉅的偵察任務後，由軍中退役進入中華航公司服務，目前也已是八十餘歲的老人了。每當他回憶起那段在軍中的日子，心裡總是有著太多感慨。他知道，如果用當下社會的情況來評斷當年他所出的那些艱鉅任務，或許會有人覺得那毫無意義。但是他也知道，民國四、五十年間中共不斷叫囂著「解放台灣」，台灣能從那段威脅當中硬挺下來，他與他的同袍們其實是為國盡過一些力量的！

第4章

趙人驥中尉

趙人驥人機一體

民國五十五年秋季的一個下午，我由新竹中學蹺課，跑到南寮海邊的新竹空軍基地附近去看飛機起落。我騎著腳踏車到機場05跑道外的一個小橋邊，坐在橋的水泥護欄上望著西南邊天際，希望能等到飛機進場落地。

那天運氣很好，等了不久就看到遠處空中出現兩股淡淡的黑煙，對著我的方向飛來，隱隱約約也可以聽到噴射發動機的聲音。我挺直了腰桿，瞇起眼睛，仔細望著那兩條越來越近的黑煙。

很快的，那兩條黑煙前面的飛機輪廓就已清晰可見，是兩架掛著副油箱的 F-86 軍刀機，起落架及襟翼都已放下。由我的角度看過去，煞是威武。

那兩架軍刀機的高度越來越低，越來越靠近機場，這時領頭的飛機發動機聲音突然開始變大，尾管的黑煙也隨之變濃。我以為那架飛機要重飛了，於是更加仔細的盯著看。但是後續發生的事，卻是一個讓我終身難忘的場景！

原來那架軍刀機竟然在航線五邊，距地面一百呎不到的高度，機頭向右上方拉起，然後向左做了一個滾，飛機通過我所在的那個橋附近上空時，正好是座艙朝下，我看的真是目瞪口呆。就在我驚嚇地以為飛機即將墜毀之際，那架飛機順勢滾進了機場，並恢復正飛，做了一個漂亮的落地！

那真是一場驚心動魄的精采飛行。遺憾的是，我沒能將那架飛機翻滾的情景用照相機記錄下來。但是對我來說，那個剎那就是永恆！不需要相片或是影片，那位飛行員的翻天一滾，已經在我的腦海中留下了不可磨滅的痕跡！

一九八七年，經由祖凌雲將軍的介紹，我認識了住在洛杉磯的石貝波教官。當我前去石教官家拜訪時，沒想到他為了滿足我對空軍的好奇與熱愛，竟將趙人驥、張甲及毛節盛等幾位教官一同邀到他家晚餐。

那天在石教官家裡，那幾位教官談的都是當年在台灣的藍天趣事，讓我這個局外人聽的津津有味。在大家傳講那些古老的故事時，我想起了二十多年前在新竹機場所看到的那架在五邊翻滾落地的軍刀機，於是我也順著大家的題材，將那件事說了出來。

大家聽了我的敘述之後，都瞪大了眼睛互相看著，似乎有點懷疑我的描述。然後張甲教官回應了我的故事：「不可能的事！因為帶著外載，再放著外型，最大的速度……」

沒等他說完，趙人驥教官就打斷了他的話，並對我說：「你真的當時看到了？」我點了點頭。

「那個人是我！」趙人驥教官笑著對大家說。

「如果是你的話，我就絕對相信！」石貝波教官對著趙人驥教官說。然後他放下手中的酒杯，轉頭看著我：「F-86就像是趙教官養的一樣，在他手裡，軍刀機可以做出許多你想不到的動作！」

就是這樣，在我看了那架飛機在新竹機場五邊所表演的特技二十一年之後，我終於知道了是誰做出了那樣的絕活，也認識了這位空軍中的傳奇人物。

飛行員趙人驥能將軍刀機真正操縱到人機一體的境界。

後來我經常在前往洛杉磯出差的時候去拜訪趙人驥，聽他講述當年他在台灣海峽上空執行任務的故事。那些故事有些是驚險的，有些是有趣的，當然更有些是悲壯的。在那些感人的故事中，我曾將他參與周鑑寧教官最後一次任務的經過，寫在《飛行員的故事》第三集裡。①

趙人驥教官雖然飛行技術精鍊，但他也有因自己疏忽而導致的驚險故事。不過他也因為那次的疏忽，學到了幾個寶貴的經驗。

民國四十六年春天，十一大隊F-86軍刀機的換裝訓練完畢，三個中隊均完成戰備，隨時都有四架飛機在跑道頭擔任警戒任務。大隊長董啟恆上校當時將整個大隊的重點放在訓練，因為他認為換裝完畢，完成戰備，並不表示飛行員的技術已經成熟，因此他下令所有訓練不分中隊，均由作戰科統一調派人員及飛機。飛行員只要想飛，幾乎天天都可以排到飛行的機會。

副大隊長汪永昌更是經常告訴大家說：「飛行員就是要飛行，不想要飛行的飛行員，我就會把你調到藍天康樂隊，那裡小姐多，你可以天天跳舞！」因此整個大隊的士氣非常高昂。

那時大隊剛由螺旋槳式的飛機換成噴射式的F-86戰鬥機，所以每個中隊都還保留著幾架T-6螺旋槳教練機及幾架T-33噴射教練機，作為訓練之用。趙人驥中尉當時是四十一中隊的隊員，官階雖然不高，卻已有兩機領隊及拖靶的資格，更是當時空軍中少數在中尉階層就有多種飛機（T-6、T-33及F-86）教官資格的飛行員。不論目視或儀器天氣，他都可以帶著學員飛行。

因此，他不但天天飛行，更是經常一天飛好幾批任務。這種情況下，他每月的平均飛行時間高達七十小時，遠遠超過每月三十五小時的軍援飛行時間規定，當年五月更創下了單月飛行九十五小時的紀錄。

那年八月中，有天趙人驥沒有被安排到任何任務，但他知道只要到作戰科去逛逛，多半能抓到飛行的機會。於是他吃過早餐後就走到作戰科去碰運氣。

果真不出所料，趙人驥一走進作戰科，首席參謀朱士地少校就知道他的意圖，於是開玩笑的問趙人驥又來混什麼？接著又問，要不要替四十三中隊拖靶。趙人驥一聽，立刻回答說只要有飛行的機會，什麼任務都好，能飛F-86更好。

①參看《飛行員的故事第三集》當中〈換裝遺恨：周鑑寧跳傘失蹤〉一文。

朱士地少校於是要他先去將拖靶機滑到跑道頭掛靶，四十三中隊執行空靶訓練的四架飛機隨後就到。他們這次任務的呼號是Goose，起飛後向南飛到外埔，與空靶訓練的編隊會合後，再飛往十一大隊的固定空靶區域，展開空靶訓練任務。

趙人驥將那架拖靶機滑往跑道頭的時候，不禁想到這次飛行的程序真是有些荒唐。雖然空靶任務有固定航線及空域及波道，但沒有任務提示，他也不知道呼號Goose的長機是誰。這難道真是隨便拼湊出來的任務，只是朱士地少校知道他喜歡飛行，所以專門湊出來的嗎？不過，在當時大隊長「訓練時多流汗，作戰時少流血」的指示下，這種臨時安排的訓練任務在整個大隊裡真是非常普通。

擔任拖靶機、機號094的軍刀戰機並沒有任何外載，滑行起來非常輕盈。趙人驥獲得塔台的許可後，將飛機滑入跑道，繼續向前滑行到一千呎處，在那裡將飛機停妥，並將減速板放出。

減速板放出之後，有一位軍械士官跑出來，將靶繩頂端的T型掛勾掛在右邊減速板內一塊有倒鉤槽的鋁架上，然後士官向座艙內的趙人驥做了個OK的手勢。接著趙人驥將減速板收回，掛著靶標的靶繩就此鎖妥。等到再次將減速板張開時，就是丟靶的時候。

就在那時，趙人驥在耳機中聽到 Goose 編隊正在向塔台申請滑進跑道，於是他繼續接了一句，表明他是 Goose Target。Goose 長機簡單的回覆他：「Thank you，你先起飛，我們在外埔上空集合。」

得到了塔台的起飛許可，趙人驥將油門推滿，那架軍刀機的 J-47 噴射發動機毫不猶豫釋放出自己所擁有的六千餘磅推力，機身開始在跑道上前奔。達到起飛速度時，趙人驥暫時壓住機頭，不讓飛機凌空，等到速度更快一點，他才帶桿將飛機拉起，並以大角度迅速拉升。這樣的目的是避免靶標與跑道燈互撞而導致靶標或跑道燈受損。那個平靶雖然只是一張不起眼的白色尼龍布，但是加上前面的一千呎細鋼繩，竟然價值美金數千元，遠遠超過當時空軍飛行員一年的薪水。

飛機起飛之後，趙人驥調轉機頭向南。執行拖靶任務時他最不喜歡的就是將飛機保持在一百六十五浬的指示空速飛行。飛這麼慢，那面平靶才不會因為超速而飛脫。比較之下，比他晚起飛的 Goose 編隊四架飛機則是以三百六十浬的速度飛向外埔集合點。

趙人驥飛到外埔上空時，Goose 編隊已經在那裡盤旋等待了。他與 Goose 領隊聯絡過之後，將飛機定向二五〇度，往台灣海峽上空的空靶區域飛去。

趙人驥進入空靶區域以後，就將飛機保持在一萬五千呎高度，以一百六十五浬的速度繼續向二五〇度方向飛著。這時四架打靶機成追蹤隊形，由他的右後方向他接近，每架飛機相隔約十五秒，在通過他飛機右側時向上拉昇到兩萬呎，向左轉佔位後，再由左上方俯衝而下，對平靶進行射擊。

打靶機開始射擊時，趙人驥一面要將自己的飛機保持平直飛行，另一方面還要注意打靶機的射擊角度。萬一角度太小，就有誤擊拖靶機的可能。如果他發現打靶機角度太小，他就必須要向左方急轉，以避開可能超前的彈頭。在趙人驥拖靶的經歷中，雖然沒有發生被打靶友機誤擊的情形，卻發生過三次靶繩被擊斷、靶標失落的狀況。

靶標失落並不是大問題，糟糕的是曾經有兩次在靶繩被擊斷之後，打靶機躲避不及，而與靶標相撞。其中還有一次靶標撞上打靶機的機翼，靶標前面的靶杆卡在機翼上，結果打靶機必須帶著那個靶杆落地。

那天每架飛機打了六個派司之後，耳機中傳來作戰科對他們那幾架飛機的呼叫，通知他們新竹機場氣候開始變壞，機場上空密雲，雲高一千呎。他們必須停止訓練，立刻返場。於是 Goose 長機呼叫僚機集合，兩機一組，以自動定向儀（ADF, Automatic

Direction Finder）對準新竹基地穿降返場。

趙人驥聞訊也將機頭回轉，轉過來就已經看不見那四架打靶機了。這是很正常的情形，因為那四架飛機的速度比他快兩百浬。他覺得這樣剛好，等他回到機場時，那四架飛機應該已經落地，他可以很輕鬆地以一千呎高度通過歸航台，再降到五百呎高度，通過機場將靶標投下，然後再飛一個小航線落地。

✈

然而，意料不到的事情就在那時發生了，趙人驥發現他的ADF指針並沒有指向歸航台的方向，而是忽左忽右，甚至三百六十度的在旋轉。這種詭異的狀況，通常只會發生在飛機飛過電台上空遭到干擾的時候。於是他再檢查所輸入的電台週率，發現的確是定在375kc，這點使他感到相當迷惑，他知道此刻的位置是在新竹基地西南邊，距離最少還有四十浬，但是那個定向儀卻給了他全然不同的資訊。這種情況下該如何返航？

那時趙人驥的飛機還是在雲上飛行，他可以看到他右邊的中央山脈，而油量還有一千五百磅。塔台報告指出，新竹四周的雲頂是三千呎，雲高一千呎，這種情況雖然不好，不過他覺得即使ADF失靈，他還是有能力可以將飛機飛回去。於是他繼續往他認為是新竹的方向前進，開始緩緩降低高度。

就這樣飛了十多分鐘，趙人驥認為應該已經抵達新竹附近了。那時一層密雲就在機翼下，高度錶告訴他此時的高度是三千呎左右，於是他小心保持著一六五浬的速度，以非常小的下降率開始穿雲下降。幾分鐘後，機頭前面的雲層變薄了一點，隱約中他似乎看見前面是一個綠色的小山丘。

沒有想，也沒有時間想，幾乎就是視覺直接控制著反應，他的手猛然將油門推上，並將駕駛桿拉回，飛機很快的又回到雲上。

既然下面是山丘，趙人驥覺得他一定是向東偏航了許多。不管是因為高空風的影響，還是因為方向儀偏差大，他當時的位置都該是已經到達新竹東南邊的山區附近。這樣的話，他要向西改正才對。於是他將航向對準三〇〇度方向飛行，預備飛到海上之後再下降高度，以策安全。

這樣又飛了七、八分鐘，趙人驥覺得他該又回到台灣海峽上空了，於是再度以小角度下降。他緊張的看著前面，每隔一陣子就抽空看一下高度錶，就這樣他看著高度錶的指針緩緩的回轉著。等指針到一千呎時，他還是在雲裡，而且雲層還是很厚。

天氣一定是在這十幾分鐘之內又變得更糟了。他決定繼續以小角度下降。指針指到五百呎時，他有點猶豫：還要這樣繼續盲目下降嗎？他一邊猶豫，飛機依舊繼續下降，在他還沒決定該不該停止下降時，眼前就出現了翻騰的大海。他立刻將駕駛桿帶住，讓飛機穩在那個高度，不再繼續下降。高度錶顯示著高度是三百呎。

看著高度錶的顯示，趙人驥頓時覺得自己的動作太魯莽了。他怎麼可以拖著一個累贅的靶標，以這麼小的速度，飛在這麼低的高度？他絕對不會讓他的學生在這種情況下飛行！

但是他又覺得將靶標帶回基地，對於那四位執行空靶訓練的飛行員是相當重要的事。只要氣候不再變壞，雲底高度始終保持著這個高度，他認為他可以將飛機及靶帶回基地。

於是他開始掉頭轉向本島。他小心的將駕駛桿向右壓去，讓飛機以一個非常小的角度朝右回轉。在回轉的過程中，有好幾次感覺到飛機像打擺子一樣的顫抖，他知道那可能是低空、低速又拖靶，造成了失速或是靶標撞到海面了。

就在這個剎那間，他彷彿是醒悟過來。天哪！他這是以他自己的性命及國家的器材，來換取那個靶標上的空靶成績。前者珍貴無價，後者隨時可以再得到。這是多麼不合比例的交易！

想通了這層關係之後，趙人驥立刻將靶標丟掉，然後推上油門，拉回駕駛桿，飛機輕巧的衝上雲層。這時他發現一直在亂轉的ADF指針，竟在靶標丟掉之後立刻恢復了正常，非常清楚的指示著新竹基地就在他的左前方，而且不再晃動。看著恢復正常的ADF，趙人驥一時還搞不清楚到底是怎麼一回事。

飛機一旦爬高，耳機中也開始收到各個不同單位對他的呼叫，都在傳達著同樣的訊息：新竹機場已經關閉，他應該儘快向南轉降嘉義機場。趙人驥不願意在無線電中明說剛才在回航途中因為ADF失效而迷航，於是他只是簡單的回答，自己的位置正在新竹機場西南方，高度五千呎，油量五百磅，他會即刻轉向嘉義。

他的這番回話，立即讓整個無線電通訊沈默下來，再也沒有人多說一句話。在無線電上的人都知道，以他的高度及油量，要飛到嘉義實在相當困難。不過沒有人有更好的解決方案，因為桃園機場已經關閉，台中的公館機場（後來的清泉崗）尚未完工，水湳機場跑道太短，不適合噴射機落地。所以嘉義是他唯一的選擇。

要以僅存的五百磅燃油飛到嘉義是有相當的困難，不過趙人驥心裡另有打算。他知道幾年之前的韓戰中，許多美軍F-86的飛行員在鴨綠江北邊的米格走廊上與米格機混戰後，已經沒有足夠的油量飛回位於南韓的基地。此時美軍飛行員會先將飛機衝到三萬呎以上的高空，然後將發動機關俥，等飛機飄滑到基地附近再將發動機啟動，用油箱裡剩下的餘油進場落地。

趙人驥當時決定就用僅存的五百磅燃油，衝到三萬呎以上的高空，然後學韓戰美軍飛行員一樣將發動機關俥，對準嘉義飄降。於是他詢問新竹塔台有關嘉義地區的氣候，並請新竹塔台代為通知嘉義塔台，十分鐘後會有一架F-86緊急落地。

很快的新竹塔台就回覆趙人驥，嘉義是目視天氣，嘉義

憑著早年飛行F-47螺旋槳戰鬥機輕的經驗，趙人驥將軍刀機平安降落在跑道較短的水湳機場。

塔台也已同意清除航線，等待他的到達。

沒有任何外載的軍刀機非常輕巧，爬高的很快。趙人驥按著ADF的指示，直奔嘉義基地而去。然而就在那時，他的耳機中突然傳出一個陌生的聲音：「要到嘉義緊急落地的軍刀機，你過了大甲溪之後，天空沒有任何雲，天氣很好！」

趙人驥不知說話的那位是誰，不過他相信那一定是另一架正飛在大甲溪以南的飛行員。於是他立刻回覆那位陌生飛行員，謝謝他所傳來的好消息。趙人驥同時改變了原先要去嘉義的計畫，因為如果大甲溪以南天空無雲的話，那麼他就可以改在台中水湳機場落地。

趙人驥以前在飛F-47螺旋槳戰鬥機的時候，曾在水湳機場駐防，對那裡的環境相當熟悉。他覺得那座機場除了跑道稍短之外（五千呎），是一個相當理想的備降場地。水湳的跑道雖短，但自己的飛機因為油量低，又沒外載，所以重量很輕，只要將速度控制得好，他有把握將這架噴射戰鬥機在五千呎的跑道上停下來。

真是如那位陌生飛行員所說的一樣，飛機接近大甲溪時雲層就已疏散，可以清楚看見大甲溪以南晴空一片。他開始呼叫水湳塔台，通知他們自己已經低油量，必須緊急落地。

水湳機場塔台立刻告訴他航線已經清除，他可以進場落地。趙人驥此時也已經可以目視水湳機場，於是他加入迫降航線的後半段，直接進場。

趙人驥小心操縱著飛機，在跑道頭附近就漂亮落地，然後運用大量的煞車，讓飛機在那五千呎的跑道上減速到可以控制的速度，才正常的滑出跑道。抵達停機坪將飛機停妥、關俥時，他看到油量錶指示飛機上還有兩百磅餘油。

那天中午在水湳機場用餐的時候，趙人驥獲悉那位在無線電上告訴他大甲溪以南氣候良好的飛行員，原來是二十大隊的大隊長楊道古上校。當時楊道古正駕著一架 C-46 在水湳機場落地。

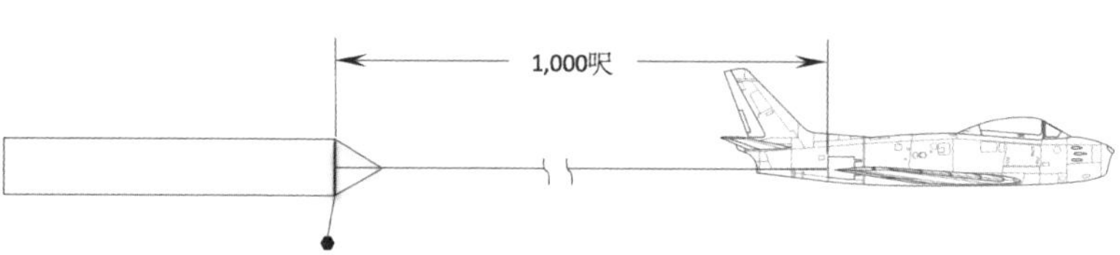

趙人驥的飛機後方拖著靶布，而靶布與飛機之間的一千呎鋼繩，竟然意外干擾到自動定向儀而導致迷航。圖／王立楨

事後，趙人驥回想起那次飛行時，覺得他所犯的最大的錯誤就是，當他發現自動定向儀ADF失靈之後，當下應該立刻改用DF向塔台發出訊號，而塔台收到他的訊號後，就會告訴他歸航度數。但是他卻因為平時很少有機會用到DF，所以在需要時竟然完全忘記。

再來就是，在那次迷航事件發生之前，從來沒有人知道那根長達一千呎的拖靶鋼繩，竟然會干擾到自動定向儀ADF的功效，因為以往空靶訓練都是在良好天氣中進行的。所以，經過這次事件，趙人驥經常告訴他的學員：如果在拖靶時需要用到ADF，務必一定要先將靶標丟掉，免得同樣的情況再度重演。

另外，他也覺得他不應盲目穿雲下降。空軍已經發生過多次在沒有引導下穿雲下降而撞山的事件。這次的經驗讓他在日後飛行時更加注意，教學時也多了一件可以引用的實例。

在我與趙人驥教官相交的二十餘年間，他曾不只一次的告訴我，他在空軍中所犯過的規，可以寫下厚厚的一冊，所以他實在不是空軍中所需要的那種遵守規矩的樣板飛行軍官。

不過，我也曾經多次與他一起飛行。飛行後我的感覺是，他實在是那種在飛行中會將自己與飛機結合成一體的飛行員，他似乎可以從駕駛桿上就感受到無形的空氣通過機翼時，飛機會產生什麼樣的反應，而他需要多大的操縱量，就能讓飛機做出他所要的動作。

怪不得石貝波教官說，F-86是他養的……

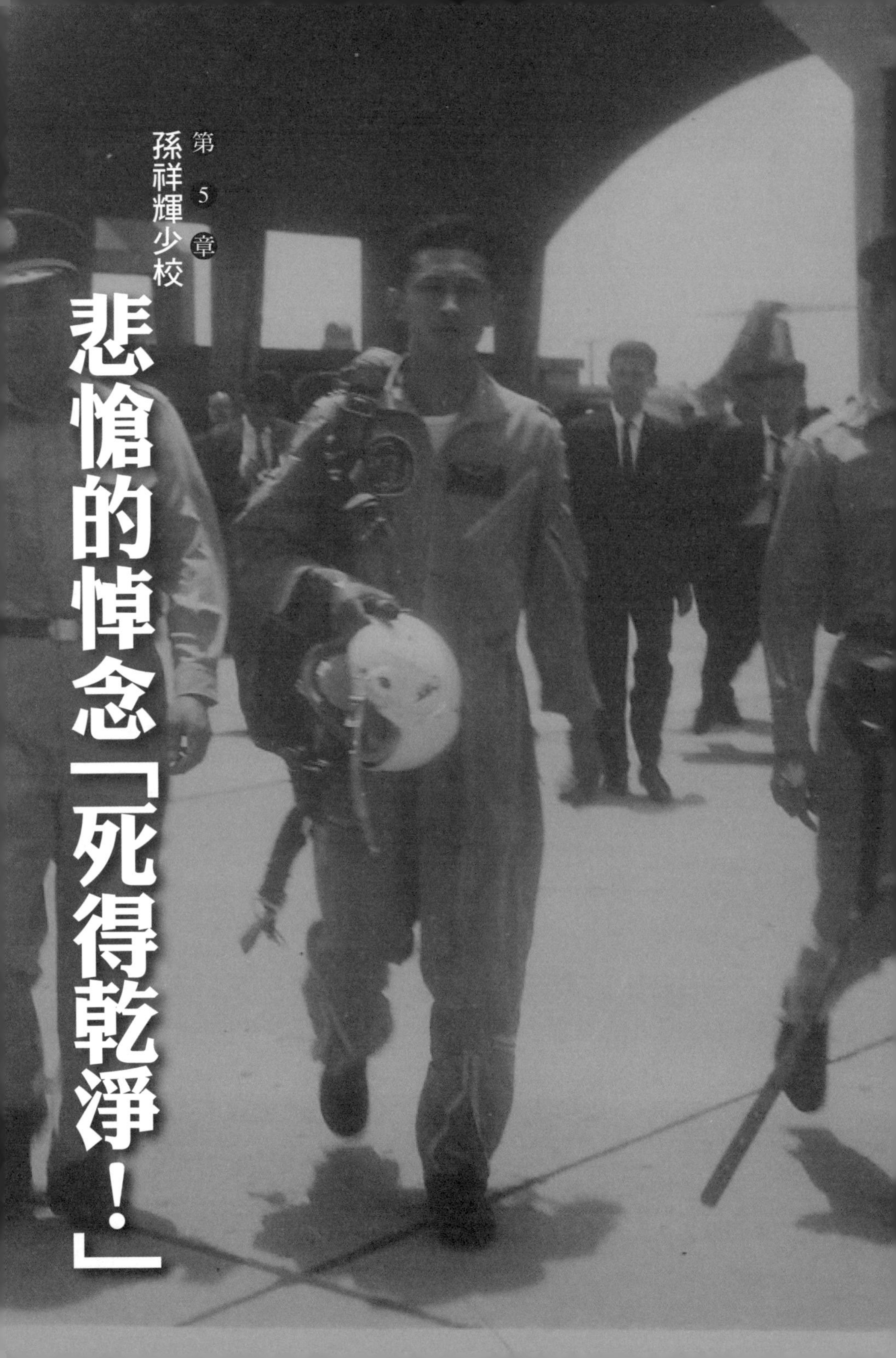

第5章 孫祥輝少校

悲愴的悼念「死得乾淨！」

幾年前我在洛杉磯出差時，有天接到一位女士的電話，她說她是我國空軍飛行員孫祥輝的妹妹，她聽她的朋友說，我知道她哥哥殉職的事件經過，因此與我聯絡，想知道她哥哥是在什麼情況下為國犧牲的。

她表示，她哥哥失事之後，空軍總部只告訴家屬：孫祥輝少校在民國五十六年十二月二十五日，於台灣海峽上空執行任務時因飛機失事而失蹤。至於事件的過程，空軍總部並沒有告訴他們。

於是我就在電話中，將當天發生的事情經過，詳細的告訴她……

民國五十六年十二月二十五日，星期一，也是我國的行憲紀念日，當時全國都放假一天。這對於那些前晚聖誕夜晚上狂歡的人來說，實在是個好消息，他們可以一直睡到日上三竿都沒有關係。

然而，對於空軍飛行員來說，不但不能在床上多賴一會兒，就連那個國定假日都沒得休息，必須在中隊的作戰室待命。理由很簡單，「國防」這兩個字裡面沒有假日，沒有鬆懈。日本利用星期天早上偷襲珍珠港，就是最好的警惕。

那天早上，台中清泉崗基地第七中隊的作戰室裡擁擠著一群待命飛行員，他們在掛滿了聖誕裝飾的作戰室裡，互相戲謔、開玩笑，假日的氣氛彷彿感染了房間裡每一個人。

從外面匆匆走進一個人，原來是石貝波上尉。現場笑鬧氣氛立刻「轟」地一聲衝上最高點，大夥兒瘋狂地拿他開玩笑。原來他才剛結婚，連婚假都還沒休完，就被叫回來出任務。

石貝波上尉剛在十二月十六日結婚，原本可享十天婚假直到十二月二十六日。無奈天氣預報顯示，從二十六日開始，台灣北部一直到嘉義附近的上空都是壞天氣，上空完全籠罩在一片低氣壓下。所以第七中隊副中隊長唐飛中校決定，在二十五日那天把當月應該執行的訓練架次盡量飛完。為了找到足夠的飛行員來執行這些訓練任務，唐飛中校於是將婚假還沒休完的石貝波上尉召回。

當天安排的訓練任務可說是琳琅滿目：儀器訓練、地靶訓練、零G脫離戰術訓練等等。其中「零G脫離戰術」是美軍根據唐飛的建議而發展出來，專門針對F-104與米格二十一遭遇時運用的戰術：F-104先用自身的高速鑽昇性能佔據高位，然後由高處對米格二十一進行俯衝攻擊，攻擊後繼續加速俯衝，此時米格二十一因為機翼較大，不容易以同樣的角度跟著俯衝追擊。等F-104衝到米格二十一已不再造成威脅的低高度時，再由低處以高速對著還在高處的米格二十一進行爬升攻擊，攻擊之後再繼續爬升，佔據高位之後再由高處俯衝而下，進行第二回合的攻擊。這是一個連續的動作，利用F-104的優勢去打擊敵人，而不自曝其短去和敵機進行近距離的纏鬥。

這種戰術有個特點，就是極度消耗飛行員的體力。大角度俯衝時，飛行員全身的血液都會在瞬間沖往頭部，讓飛行員產生「紅視」的狀況。①而且在零G俯衝時，如果沒有把座椅的安全帶牢牢綁緊，飛行員的身軀就會從座椅上漂浮起來。許多飛行員在做這個動作時，除了將安全帶綁緊外，還要鬆開原本抓油門的左手，來抓著座椅的邊緣，免得整個人由座椅上浮起來。

臨時換人

本來作戰室的安排是由孫祥輝少校帶著石貝波上尉，兩人同飛一架雙座TF-104G擔

① 紅視（Redout）指的是人體受到負G力，導致下半身的血液流向頭部時，產生的生理現象，視界會變得紅紅的，可能伴隨頭部刺痛，具有危險性。

任攻擊的一方，對手則是唐飛中校及詹鑑標少校各自駕駛一架單座F-104G，總共三架飛機進行「零G脫離戰術」訓練。不過那天在作戰室裡，石貝波的同學黃瑞文上尉卻開玩笑說，石貝波經過一個多星期的新婚假期，體力已經耗盡，無法進行需要大G動作的訓練。黃瑞文還很體諒的表示，他願意與石貝波交換任務：他原本的T-33儀器飛行訓練交給石貝波，自己則坐進雙座的TF-104G頂替石貝波進行「零G脫離戰術」訓練。

現場又是一陣哄笑，充滿了戲謔嬉笑的氣氛，大夥紛紛感謝黃瑞文這麼有義氣幫助同學。作戰官也立即從善如流把兩人任務調換，改成石貝波去飛T-33，黃瑞文則登上雙座的TF-104G。

一門豪傑

在那架雙座機中擔任教官的孫祥輝少校，是抗日名將、黃埔一期畢業生孫元良將軍的長子。但他在軍中從不提起他的父親。雖然他不願意提家世，他卻承傳了孫元良那股英勇愛國的基因。民國四十四年孫祥輝高中畢業之際，他響應當時全省各地青年學子發起的「建艦復仇從軍」活動，②放棄了進入大學的機會，選擇了空軍官校，預備在藍天中報效國家。

民國四十七年初，孫祥輝從空軍官校三十九期畢業，在一大隊完成T-33噴射機訓練，被派到屏東的三大隊擔任見習官。那時正是八二三砲戰前夕，整個大隊的主力都是放在作戰任務上，所以那批剛到隊見習的菜鳥飛行員，他們的換裝訓練就進行得斷斷續續的，不像平常時期那麼緊湊。然而因為戰時需要更多戰鬥人員，因此教官們就從三十九期這一批新人當中，挑選了一些技術較佳、換裝訓練進度超前的見習官，包含張甲、孫祥輝等人，叫他們加入F-86的日間巡邏與警戒等戰鬥任務。這時候，他們的夜間訓練還沒完成呢。

孫祥輝在八二三砲戰期間沒有立下顯赫戰功，不過倒是以新人之姿，順利完成了所有上級所賦予的任務。這一點，讓長官對他留下了相當深刻的印象。

② 民國四十三年十一月，國軍護航驅逐艦「太平號」在大陳海域被中共魚雷艇擊沉，國內因此發起了捐款籌建軍艦、從軍報國等運動。

孫祥輝除了在軍中讓同僚及長官認為他是一位驍勇善戰的戰鬥機飛行員之外，他高䠷的身材與英俊的外表，更讓他在情場上成為許多少女夢中的白馬王子。據聞他在民國五十年代初期短暫去美國受訓時，也讓一些異國的少女心動。然而他雖然曾與一些女士約會，卻始終沒有定下來，一直到三十多歲都還維持單身。

聖誕舞會的帥哥

民國五十六年聖誕假期的前一天中午，有朋友邀孫祥輝去台

孫祥輝（右二）英氣逼人，當年在社交場合極受歡迎。圖／梁金中提供

北參加聖誕夜舞會。不過他次日上午已經排好一批訓練飛行，所以婉拒了這個邀約。但那位朋友很堅持，一直勸他請假，因為有幾個女孩說「孫祥輝參加，我們才參加」。那位朋友還表示，等到舞會結束之後，他會開車送孫祥輝回台中清泉崗基地，確保孫祥輝在早上七點鐘以前一定可以回到部隊，趕得上次日的訓練飛行。

孫祥輝聽了似乎有些動心，於是他前去向唐飛副隊長請假。唐飛聽了孫祥輝描述自己必須請假的理由，還有「孫祥輝參加，我們才參加」等話，也不禁笑了，不過他還是說抱歉不能准假，因為由台中到台北，單程的車行時間就要四個小時（這是當年的交通狀況），來回八個小時再加上跳舞，會使得孫祥輝不可能有足夠的精神去應付次日訓練飛行時的體力消耗。

孫祥輝聽了之後，雖然有些失望，但是他也能瞭解唐飛的心意，因為在那種情況下，他知道即使他自己在唐飛的位置上，也不會准假的。

回來之後，你要謝謝我

就在大家在作戰室裡互相開玩笑與嬉笑時，代理隊務的副隊長唐飛走進了作戰室，作戰官便開始進行當天的任務總提示。那一天排定的任務很多，所以作戰官僅是簡短的將每個任務的人員、機號及訓練空域報出，然後再由每個任務的長機對他的任務組員做詳細的任務提示。

進行「零G脫離戰術」任務的長機是唐飛中校，二號機是詹鑑標少校，三號機則是孫祥輝少校及黃瑞文上尉所飛的雙座的TF-104G。唐飛在提示時表示，他會帶著二號僚機詹鑑標先起飛，隨後是三號機（孫祥輝與黃瑞文兩人的那架雙座的TF-104G）。三號機起飛後，在戰管的引導下前去攔截、攻擊唐飛與詹鑑標的那兩架飛機。

按照訓練課目的程序，孫祥輝的雙座機由唐飛的後上方對著唐飛與詹鑑標兩人的飛機俯衝進行攻擊。在模擬攻擊之後，孫祥輝的飛機繼續以大角度向下脫離，俯衝到一萬五千呎，這時再向上爬升預備下一次的攻擊。這樣連續幾個派司結束之後，再一同編隊返航。

提示完成，黃瑞文隨著大家走出中隊部時，還對著石貝波擠了擠眼說：「同學，回來你要謝謝我！」石貝波對著他笑著揮了揮手。

該拉起來啦！

那天唐飛駕著飛機起飛，前往訓練空域時，注意到座艙外的天氣雖然不錯，可是東北風相當強烈，氣流非常不穩，他必須要用比平常更多的力量來控制飛機的平穩。

唐飛抵達了訓練空域，隨即就聽到戰管已將孫祥輝的飛機帶到攔截點。唐飛在座艙中注意著孫祥輝和黃瑞文兩人駕駛的那架攔截機，正由自己的後上方快速接近。接著，唐飛眼看自己快要進入孫祥輝的機砲射程，於是就把飛機向左迴避，然後又看著孫祥輝的飛機高速由他右邊鑽過，繼續向下以大角度俯衝著。

通常攔截機以零 G 脫離之後，向下衝到一萬五千呎左右就會開始爬升。可是這一次孫祥輝、黃瑞文的飛機朝下衝到一萬多呎時都未改出，依舊繼續以相當大的角度俯衝著。

一開始唐飛還沒有說什麼，想著也許孫祥輝馬上就會將飛機改平拉起。但隨著時間快速流失，孫祥輝的飛機還在往下衝，並沒有要改平的跡象。於是唐飛按下通話按鈕，提醒他了一句：「該拉起來啦！」

然而那架飛機並沒有任何反應，孫祥輝也沒回話，唐飛心裡閃過了「那架飛機可能發生了嚴重的機件故障」這個念頭，但他還沒來得及再說任何話之前，他就看見那架俯衝中的飛機彈出了一個小點，然後那個小點很快就變成一個降落傘，同時飛機繼續以大角度對著海面俯衝而去。

「有人跳傘了！快叫救護機！」震驚之下唐飛沒有忘記通知戰管。唐飛為了持續注意跳傘者的安危，必須立刻把自己的飛機右轉。但是這麼一轉，反而暫時看不到那架飛機及降落傘了，於是他增加帶桿的力量，焦急地盼望自己的飛機早一點轉過來。

唐飛將飛機完全轉過來之後，他只看到一頂降落傘正在冉冉下降，而且已經看不到那架飛機了。他知道最壞的情形已經發生，他只能祈求在「機毀」之後能有「人安」的情形。

那架飛機上總共有孫祥輝、黃瑞文兩個人，但唐飛只看到一具降落傘，於是他仔細往附近空域中尋

黃瑞文和同學交換任務，卻因此不幸與孫祥輝一同墜海。圖／中華民國空軍提供

找，希望發現另外一具降落傘。但是他失望了，他只看見原先的那一個降落傘，孤零零的掛在空中，緩緩向海面飄落。

為了看清楚那具降落傘的情形，唐飛將飛機速度放慢，同時也隨著那具降落傘逐漸降低高度。就在此時他發現，當時海面的浪頭竟有一、兩層樓那麼高！這種海象，再加上強烈的西北風，他實在不敢想一個人落海之後可以撐多久。

焦急的等待

由戰管及救護隊的通話中，唐飛知道直升機與水上飛機都已經出動。但是當天那種天氣狀況，水上飛機是不可能降落海面救人的。而以直升機的速度來說，由嘉義基地起飛，抵達訓練空域，最少也要花掉半個多鐘頭。唐飛懷疑那位跳傘的飛行員可以撐的了那麼久嗎？

唐飛雖然可以看到那個降落傘，不過他卻不知道掛在傘下的到底是孫祥輝或黃瑞文。當天身為教官的孫祥輝是坐在後座，按照彈射跳傘的正常程序是後座先跳，但唐飛卻不知道是否兩人都彈射出來之後，其中一人的傘沒開就掉到海裡了，或是真的前座的黃瑞文就隨著飛機墜入海中了。

按照海上跳傘程序，飛行員應在落水前將降落傘脫去，免得出現被傘繩纏到或產生「傘拖」的現象。但是那位掛在傘下的飛行員竟未能在落水前即時脫去傘衣，而強烈的西北風把那具傘在海面上吹著亂跑，從空中就看到海面的那位飛行員一直被傘拖著在海面掙扎……

在低空圍著那個傘飛了十多分鐘之後，唐飛的座艙裡亮起了低油量警告燈。他實在不願在救護機抵達現場之前離開。可是如果自己再不啟程返回基地的話，那就換他面臨油盡停俥的窘境了。於是他詢問二號機詹鑑標少校，看詹鑑標的油量情況如何。詹鑑標說自己還可以再多待個幾分鐘，唐飛聽了之後就請他繼續在現場觀察，盡量等到救護機到了之後再返場。

那天唐飛在油燒乾之前回到基地。詹鑑標雖然多待了一陣子，不過也因油量偏低必須返航，終究沒能等到救護機抵達！回到基地之後，唐飛一直待在作戰室裡等待營救的消息，但是一直等到天黑，搜救的飛機都沒有在海上找到任何人的蹤跡。

空軍的慣例是飛機失事後在現場搜救七十二小時。只不過唐飛心知肚明，當天那麼惡劣的氣候下，如果現場沒有即時順利救人，那麼接下來幾天的搜救只是在盡人事了！

「死得乾淨！」

那天晚上唐飛坐在辦公室裡想著，才不過一天之前，孫祥輝就站在這張辦公桌前要請假，當時那個頑皮樣子……想到這裡，唐飛難過極了。而石貝波當天飛著 T-33 落地後，迎接他的竟然是「與他交換任務的黃瑞文已在海上失蹤」這個消息，更是激動得久久不能平息。

失事的飛機殘骸始終沒有尋獲，因此進行失事調查時，無法確定那架飛機到底是什麼原因而沒有從俯衝中拉起來。調查人員幾乎可以確定的是，這絕非飛行員失誤所造成的失事，因為要保持零 G 俯衝，飛行員必須費力推住駕駛桿，速度愈大，所需要的力量就越大。而飛行員只要一鬆手，機頭自然就會上揚，飛機自動就會從俯衝中解出。

失事調查人員覺得較大的可能是飛行操縱系統故障，使操縱面鎖住，飛行員在無法改變飛機姿態的情況下，決定棄機跳傘。製造商洛克希德公司也應空軍之請，參加調查失事原因，但還是未有結果。後來因為其他使用 F-104G 的國家並沒有出現相同事故，所以這次的墜機事件，就以個案結案。

孫元良將軍獲悉鍾愛的長子為國犧牲之後，極為難過。他雖然是久戰沙場的老將，但面對自己的長子為國犧牲，仍不免潸然淚下。悲痛之餘，他用毛筆寫下「死得乾淨」四個字來悼念逝去的長子，看到的人無不掩面鼻酸。

……我在電話裡，對那位女士敘述了以上的過程。

沒想到，當我說到那位跳傘的飛行員落在波濤洶湧的海面，被降落傘拖著在海面不斷掙扎的場景時，電話中突然傳出那位女士的一聲狂嚎，隨即開始大哭。我先被她的哭聲嚇了一跳，然後頓然瞭解我竟然做了一件多麼不近人情的事！我怎麼可以將他哥哥最後的悲慘結局，用那麼直接的、毫不掩飾的方式描述給她。我根本沒有體諒她的感受！

她哭了一陣，哭嚎慢慢轉為低啜，然後忍住了情緒，繼續問我：「然後呢？」

那時我已經愧咎得無法再說下去，於是我告訴她，對這件事最清楚的是唐飛將軍，而恰好那陣子唐飛將軍住在洛杉磯，我可以安排她與唐將軍見面，由唐將軍直接回答她所有有關她哥哥的疑問。她聽了這個建議之後，馬上就請我替她安排與唐飛見面。

一個星期後，在洛杉磯近郊的喜瑞都（Cerritos）一家餐館裡，唐飛以非常婉轉的口氣，將那天在台灣海峽上空所發生的故事，全部都告訴了孫女士。她已經聽過我所述說的大部分事件經過，所以並沒有像原先在電話中那般激動。而她在與唐飛聊天的過程中，也記起了四十餘年前唐飛去她家裡報喪的情形。

而我也在那天向孫女士求證，孫元良將軍是否真的寫過「死得乾淨」這幾個字。孫女士表示，她自己並沒有看過那四個字，不過在孫將軍過世之後，她由孫將軍的日記裡看到，孫元良把他寫下「死得乾淨」這四個字的事情，紀錄在日記中。

在我撰寫這麼多飛行員故事的過程中，那是我第一次遇到一位遺族在提到四十多年前的往事時，還有那麼強烈的情緒表現。可見一位烈士的為國犧牲，陪葬的還真是那位烈士家屬的幸福！

我自己並沒見過孫祥輝烈士，但是在訪談許多曾在清泉崗基地服役過的飛行員時，他們都會提起帥氣的孫祥輝。他們都認為，他比他的弟弟——影星秦漢——要帥得多了。而他的那種帥氣，據他的同學張甲表示，並不只是在他的外表，而是散發在他言行舉止間的那股軍人特有氣質。

在孫祥輝烈士殉國五十餘年後的今天，想起那個年代軍人所表現出來的精神，想起張甲對孫祥輝帥氣的評語，會讓我覺得，那種精神與帥氣，就是所謂的「武德」！

第6章

陳家麟中尉

電力全失效

韓戰期間，美軍的 F-86 軍刀機在朝鮮與中國大陸邊界的米格走廊創下了輝煌的戰果，軍刀機也因此聲名大噪。它的製造商北美飛機公司挾著這個光輝的記錄，在韓戰之後向美國空軍提出了一個新型飛機的構想，標榜這種新飛機是軍刀機的再進化，除了擁有原先軍刀機的靈活性能之外，更有超音速的速度。因此這種新型飛機的構想很快就贏得美國空軍的首肯，同時將它命名為「F-100 超級軍刀機」。

民國四十七年夏季，八二三砲戰期間，中共使用的米格十七型戰鬥機在性能上已經明顯超越我國空軍的主力 F-86 軍刀機，因此國防部長俞大維向美國申請緊急軍援，而美國也很快就決定以 F-100 超級軍刀機軍援我國。同年九月間，第一批六架雙座的 F-100F 由美國直接飛送到嘉義空軍基地，作為換裝該型飛機的教練機。我國空軍也就從這一刻起，正式進入了超音速時代。

F-100 最初在美國空軍服役時的型號是 F-100A。這型系列因為方向控制系統（Yaw Control）的設計瑕疵，不但使許多美軍飛行員失事殉職，更讓北美飛機公司的首席試飛員喬治．威爾煦（George Welch）在試圖探討這個瑕疵時，失事喪生。

後來，北美飛機公司將 F-100A 型機的垂直尾翅修改、加寬之後，才解決了飛行時不穩定的問題。加寬垂直尾翅的飛機型號就被訂為 F-100D。F-100D 進入美國空軍服役後，美軍就將原先的 F-100A 型機集中，編入四五二〇作戰人員訓練聯隊（4520 Combat Crew Training Wing）。後來美國決定將 F-100 軍援我國，這些 F-100A 就以飛送方式由美國本土直接送到嘉義空軍基地。在全世界使用過 F-100 的幾個國家當中，中華民國空軍是除了美國空軍之外，唯一使用 F-100A 的。其他的盟國都是使用 F-100D。

而 F-100A 除了在方向控制系統上有明顯的瑕疵之外，其他系統也有一些潛在的問題。使得該型飛機的妥善率始終偏低，經常發生故障。

民國六十年，嘉義，初秋的一個夜晚，一架隸屬空軍四大隊二十一中隊的 F-100A 在夜航任務中發生了全電力系統失效的狀況。幸好飛行員陳家麟中尉處置得宜，將飛機飛回機場安全落地。所有瞭解飛機與飛行的人，在聽到這個事情的經過時，都不自覺地替他捏一把冷汗，因為將一架電力系統失效的飛機飛回機場，並不是一件簡單的事，遑論是在夜裡！

陳家麟中尉在二十一中隊才剛完成 F-100A 的換裝訓練，正式成為捍衛領空的戰鬥機飛行員。他仍然記得，第一次駕著 F-100 執行大陸沿海偵巡任務，飛在福建沿海上空，看著腳底下的那一大片土地時，心中的那股激動。當時他心中唯一的想法就是：「這個大好的錦繡河山，我們一定要收復它！」

雖然已是合格的戰鬥機飛行員，但是平時隊上還是有排不完的訓練任務，目的是要將飛行員的技術保持在一定的水平之上，這樣才能在戰時把潛力發揮出來。

所有的訓練任務之中，執行起來最困難的就是夜航。主要原因是夜間看不見四周的景象，沒有天地線可以參考，所以全程都以儀器飛行，不管做什麼動作都必須參考儀錶，尤其需要注意的是狀態儀。

不過，夜航也有引人入勝之處，那就是飛在三、四萬呎的高空，坐在座艙中聽著發動機柔和順暢的運轉聲音，抬頭看著夜空中的星星，晶瑩透剔，月亮也是分外皎潔，真是會有進入古人「俱懷逸興壯思飛，欲上青天攬明月」的感覺。

命運的驅使，陳家麟在一次這種夜航任務中，遇上了此生中最難忘的風險！

那次是一個兩機的夜航任務，按照計畫，長機宋利川上尉與僚機陳家麟中尉在晚上八點由嘉義起飛，向北飛到後龍，然後調轉機頭，定向台南。飛到台南之後再定向恆春，最後由恆春迴轉直接飛回嘉義落地。全部航程約一小時左右。

這次任務與平常的任務稍有不同，那就是這次的夜航將接受航管管制，而不是由戰管管制。兩者的差別在於，由戰管管制時，管制官全程都與任務機保持聯絡，而且始終在雷達幕上監視著任務機的飛行軌跡；相對的，接受航管管制時，管制員在發出指令之後，任務機只要遵照指令飛行，到達下一個檢查點之前，都不需與航管員聯絡。

晚上七點半左右，陳家麟及長機宋利川上尉兩人抵達停機坪，開始做飛行前的檢查，這時陳家麟發現他忘了帶手電筒。雖然只是一個簡單的手電筒，對夜航來說卻是非常重要，因為除了在昏暗的停機坪檢查飛機時需要手電筒之外，誰也不知道在飛行時儀錶板的燈光會不會突然故障，所以在夜間飛行時手電筒是必備的裝備之一。

陳家麟以往都把手電筒放在航行包裡，但是前幾天他發現手電筒有問題，於是就將它由航行包中取出，想換個新的，只不過一忙就忘了這件事。

此刻已經沒有時間讓他回作戰室去拿一個新手電筒了。於是他就向陪同檢查飛機的機工長借了一個，不過那個借來的手電筒是長型的，使用了三個一號電池，比平時飛夜航時帶在身上的那種小電筒大得多。只是在這個時候也沒有別的選擇了，有總比沒有好。

檢查飛機時，用手拿著那個大型電筒並不覺得有什麼不方便。但登機之後，陳家麟就發現 F-100A 的座艙雖然大，卻沒有適合的地方放那個大型手電筒。最後他只能將它放在座椅旁邊，裝航圖的盒子裡。

為了保持清醒，夜航時的一個規定就是要飛行員全程使用百分之百的氧氣，所以陳家麟將發動機啟動後，便將氧氣的開關設定到百分之百純氧。

耳機中傳來長機宋利川上尉的聲音：「Two, are you ready?（二號機，準備妥當了嗎？）」這也是夜航與白天飛行不一樣的地方。白天飛行時，許多動作長機都是以手勢通知僚機，但在夜裡視線受阻，所有的動作指令都是以語音來傳遞。

「Lead, two is ready.（領隊，二號機準備妥當。）」

宋利川上尉知道陳家麟也準備妥當之後，於是與塔台聯絡。塔台立刻發出許可，讓那兩架飛機由停機坪滑向跑道。

進入跑道之際，陳家麟低頭再度將飛機的儀錶檢查一遍，發現所有的指針都在正常範圍，然後他抬頭看著停在他左前方長機翼尖的綠色航行燈，還有機背上的編隊燈。他知道，接下來一個鐘頭的夜航時間，這兩個燈光就是重要指標，他必須緊跟著航行燈及編隊燈，才能保持良好的編隊隊形。

宋利川上尉也很有經驗的將那兩個燈調到微暗的程度。這個亮度看在陳家麟眼裡不會感到刺眼，卻也不會在黑暗中找不到；陳家麟則將自己的航行燈放在「閃亮」的位置，防撞燈也打開，好讓其他的飛機遠遠就看到他們的編隊，減少空中互撞的風險。

陳家麟耳機中傳來長機宋利川上尉簡短的起飛指令，於是他緊盯著左前方的長機，同時將油門推到後燃器階段，一聲如炮擊似的響聲由機尾傳出，他立刻覺得一股雷霆萬鈞之力開始推著他向前衝去。

F-100A雖然沈重，但是在後燃器的推動下，加速的很快。當陳家麟見到長機的機頭抬起時，他也將駕駛桿拉回，頓時兩架重達三萬磅的飛機如雲雀般輕巧的衝入了南台灣的夜空。

飛機離地之後進入了三度空間，陳家麟將他的飛機以疏開隊形飛在長機的右後方，長機翼尖上的那個綠色航行燈成了他的操縱指標。兩架飛機在夜空中以點八五馬赫快速的飛在兩萬多呎的空中。

雖然雙眼直盯著長機，無法分神注意地面的景色，但是聽著耳機中長機與航管每隔一段時間的對話，他大概可以瞭解自己當前的位置。飛機在恆春上空迴轉時，他知道這就是當晚最後一個檢查點，迴轉完成之後就是定向嘉義，開始返場。

飛機飛過東港附近，他想起了一些當初他在空軍幼校受訓的往事。對於一個十五、六歲的少年來說，那時許多的磨練是難以想像的，但是為了日後能一飛沖天，成為一個飛行員，所有的不適他都咬著牙忍了下來。現在回想起來，夜間兩次緊急集合跑步，由海邊匍匐前進式的爬回寢室，然後不准洗澡就上床睡覺……這些磨練的本身除了「苦其心志，勞其筋骨」之外，並無任何意義。不過，在那無意義磨練的後面，卻是一個軍官養成教育的重要環節，在那種磨練下所訓練出來的服從性格，是在戰爭中致勝的要素之一！

陳家麟由耳機中聽到航管將這兩架飛機交給嘉義塔台，他知道已接近嘉義機場，夜航任務即將結束，他緊繃了一段時間的神經開始放鬆。

長機與嘉義塔台聯絡過後，開始向左轉，並下降高度。陳家麟知道這個動作代表轉入二邊，幾分鐘後就可以落地，在自己的飛行記錄上，即將再加上一次圓滿的夜航記錄。

就在陳家麟覺得這將又是一次完美的夜航任務時，他突然覺得自己的飛機速度變快，一下子就衝到長機前面了，他還沒來得及反應，長機已經被他遠遠丟在後面。他轉頭想找長機，但是四周環境黑漆一片，什麼都看不見。他按下通話按鈕想與長機聯絡，不料耳機中一片寂靜。他再低頭往儀錶板看去，頓時頭皮一陣麻！原來座艙內也是一片漆黑，儀錶板上所有的燈都已熄滅。他遇上了所有飛行員最大的夢魘：電力系統失效！

原來長機宋利川上尉左轉之後，開始推頭下降高度，並呼叫僚機將減速板放下。宋利川將油門收回，又將減速板的開關按下，頓時飛機就像汽車在八十公里時速下突然放到低速檔似的，很快就慢了下來。但在這個時候，二號機的電力系統已經失效，陳家麟並沒有聽見「放減速板」的指令。所以當長機慢下來的時候，陳家麟的那架飛機就往前衝了出去。也因為陳家麟的飛機電力系統失效，所有航行燈都已熄滅，長機根本就看不見衝出去的二號機。

宋利川上尉在飛機慢下來之後，回頭向右後方望去，這一下他渾身的血液像是突然間凝結起來似的，因為一路上跟隊跟得好好的僚機不見了！

「Two，你在哪裡？」宋利川焦急的按下通話按鈕呼叫陳家麟。

回答他的是一片寂靜！

在做進一步處置之前，宋利川覺得他必須向上級報告這個狀況，於是他立刻向塔台報告他的二號機不見了。

他的報告頓時讓塔台忙了起來，而正在飛輔室裡的大隊長周善擇更嚇了一大跳。①因為出現「僚機在轉彎後突然失蹤」，極可能代表僚機在轉彎時產生錯覺，繼而導致空間迷向而墜毀。塔台除了要宋利川繼續呼叫二號機，也開始向四下觀察，看是否有飛機墜地後所引起的火光。

就在長機及塔台呼叫他的同時，陳家麟的飛機還是以三百浬的速度在往前飛。坐在座艙中的他，經過了故障剛開始的驚訝、慌亂階段之後，已經冷靜下來。他知道他必須先瞭解飛機的狀況，再決定如何處理這個事件。他想起了手電筒，於是從放置航行圖的盒子中取出那個大型手電筒，對著儀錶板照去。

他看到的景象讓他大吃一驚。因為除了高度錶、升降速率錶及空速錶之外，所有其

①飛輔室是位於跑道頭旁邊的一間小房，四面都是玻璃，坐在裡面可以清楚看到要降落飛機的姿態。每當有飛機返場落地時，都有資深飛行員在裡面執勤，觀察落地飛機的姿態，必要時提醒飛行員及早改正。

他儀錶的指針全都靜止，停在原點，連夜航儀器飛行時最重要的狀態儀都完全靜止不動了。幸好發動機還在運轉，但是他卻無法知道任何發動機的運轉資料。

陳家麟看著那些靜止的儀錶，立刻想起了操縱手冊上對這種夜間全電力系統失效的唯一處理方法就是跳傘。但是聽著發動機柔和並穩定的運轉聲音，讓他實在不忍心就這樣將這架飛機砸掉，畢竟這是一架價值不菲的飛機，只要有些微的機會能將這架飛機飛回機場，他都要去試一試。

當時飛機的空速是三百浬，高度是一萬八千呎，根據磁羅盤的指示他是正在向西飛，因此他知道他前面黑暗的夜空下就是台灣海峽。而根據他最後聽到長機與航管之間的通話來判斷，基地的位置應該就在他的左後方，於是他將駕駛桿向左壓去，同時蹬下左舵，將飛機向左轉，當磁羅盤轉到一百九十度時，他反桿反舵將飛機改正。飛機擺正之後，機頭就剛好對著一百八十度。

飛機轉向之後，他看著空速錶的指針指在三百浬，他必須將速度降到兩百五十浬以下，才可以將起落架放下。於是他下意識的將油門收回，同時將減速板的開關按下，但就在按下減速板開關的同時，他想到了現在飛機所有的電力系統都已失效，所以減速板是無法放下了。他必須另想其他方法來減速。

他思考著，油門已經收回了，發動機已經減速，可是飛機的空速卻下降得很慢。陳家麟嘗試將駕駛桿稍微向後帶一點，讓機頭抬起，空速錶的指針立刻開始朝著反時鐘方向轉動。當指針指到兩百五十浬時，他伸手將釋放起落架的跨越手柄拉出。這個動作的用意是，電力故障導致起落架已無法正常釋放，因此使用機械的力量，讓起落架利用本身重力釋放出來。

陳家麟將跨越手柄拉出後，他感覺到飛機出現輕微的抖動，這就是起落架放出時所引起的空氣波動造成的。而也因為電力失效，「起落架鎖定」的指示燈不可能亮起，他只能根據最後的那聲「咚」來判斷起落架已經鎖好。

起落架放下之後，飛機減速就更快了，陳家麟再用油門將飛機的空速控制在兩百四十浬左右。那時雖然他還是盲目的飛在黑暗的夜空中，但是他心中已是相當篤定，他相信只要讓他找到機場，他將可以安全落地！

飛機的左前下方出現了一處燈光聚集的地方，是個城鎮，而根據這幾年他在嘉義本場附近飛行時所記住的地標，再看著那些燈光所組成的形狀，他認為那裡應該就是新營。

於是陳家麟按照平時進場的步驟，對著那個燈光聚集的城鎮轉去。他心想，如果那個城鎮真是新營的話，那麼在他通過燈光上空之後，只要將航向轉到四十五度，就可以看到一個小湖，在小湖上空再轉向三百六十度度正北，嘉義機場的跑道該就在正前方。

儘管發動機沒有任何問題，飛操系統也很正常，但是陳家麟坐在飛機裡卻是膽顫心驚，尤其是越靠近機場，這種感覺就越強烈，因為他這架飛機的航行燈及旋轉防撞燈都不亮，而當天晚上還有其他的飛機在做夜航訓練，如果有另一架飛機也在進場，就很可能會因為看不到他而撞上來，所以他必須非常警覺的一直注意四周。

同時，那個大號的手電筒也給他造成相當大的困擾。他用左手的拇指及食指勉強抓住電筒，盡力讓光線照到儀錶板，左手剩下的三個指頭還得抓著油門推桿，來控制發動機的推力，實在不是一件簡單的事！

陳家麟仔細控制著飛機緩緩降低高度。飛機通過新營上空之後，他將駕駛桿向左壓去，讓飛機轉向四十五度，然後仔細注意地面。他可不希望錯過那個小湖。

幸好那晚月光皎潔，湖面在月光的照射下閃爍著。陳家麟看到那個小湖之後，立刻再將飛機向左轉，這時他用手電筒照向磁羅盤，讓飛機在改平時剛好對著正北三百六十度。

陳家麟心裡默默計算了一下，他知道小湖距離跑道頭五浬，通過小湖時他低頭看了一眼儀錶板，高度錶顯示著高度是一千五百呎，速度是兩百浬。這是一個完美進場的數據！

很快的，陳家麟順著機頭往前看，正前方出現了兩串平行的跑道燈，如珍珠一般，還有那一串在跑道前方不停閃亮著的引導燈。當他看到這些燈的時候，激動得幾乎要落淚，他總算把飛機飛回來了！把一架全電力系統故障的飛機，在漆黑的夜裡飛回來了！

雖然飛機的高度、空速都很正常，機場也已在望，但是那最後的五浬卻是最困難的一段路程。陳家麟非常小心地將電筒的光束指在升降速率錶及空速錶上，然後慢慢將油門回收，使飛機減速。挪動駕駛桿的動作更是柔和，讓飛機以每分鐘七百呎的下降率向機場接近。

這件事描述起來簡單，但做起來實在非常困難。因為他擔心四周有其它的飛機也要進場，而那些要進場的飛機根本看不到他，所以他將大部分的注意力都放在注意四週，只能搶時間偶爾低頭看一下儀錶。而且在那低頭的剎那，他必須立刻就看清楚空速及下降率的資料，這樣才能精確控制飛機的速度及下降率，以確保飛機不會因為減速太快而失速，或著陸時太快而無法安全減速，導致衝出跑道。

飛機就在陳家麟緊張的情緒中，翩然飛過跑道前的清除區，他鬆了一口氣，慢慢將

年輕的陳家麟才剛完成 F-100 換裝訓練，就救回了一架幾乎是毫無希望的飛機。圖為他後來擔任中隊長時留影。

駕駛桿拉回，飛機兩個主輪輕輕擦上了跑道。陳家麟覺得，這是他飛 F-100A 以來，最輕柔的一個落地！

那時周善擇大隊長正在飛輔室監督夜航，他獲悉陳家麟的飛機失蹤之後，忙著在無線電裡面與其他還在空中的飛機聯絡，要他們從高處俯看機場附近有沒有起火的火光。冷不防一陣噴射發動機的響聲由跑道上快速通過，他抬頭往外望，似乎一個黑影在跑道上通過。在飛輔室執勤的另外兩位飛行員也被那個情況嚇了一跳，因為在此之前並沒有任何飛機在落地航線上。周善擇立刻詢問塔台，剛才是否有飛機落地，塔台回答說沒有。但是周善擇覺得自己並沒有聽錯。他走出飛輔室，看見外面有個衛兵站崗，於是開口問道：「剛才有飛機落地嗎？」

衛兵回答說，隱約好像有一個黑影快速通過跑道，可是發生得太快了，所以他不敢確定是不是一架飛機落地。周善擇聽了，直覺就認為應該是陳家麟的飛機摸黑回來了。於是他跳上吉普車，由滑行道往跑道末端疾駛而去。

周善擇的吉普車在疾駛的同時，陳家麟正在座艙中，用盡了氣力踩著煞車踏板。高達兩百浬的落地速度，讓他在座艙裡都可以聞到那股因為使用大量煞車而導致的橡膠輪胎磨擦味道。可是他絲毫不敢放鬆雙腳踏在煞車踏板上的力量，他怕太早放出阻力傘，會使得傘被吹破，所以他一直等到確定阻力傘不會破的速度，才將阻力傘拉出。這一刻他也立即感覺到那股強大的拉力，扯住了飛機往前的力道。這時，飛機已經用去將近一半的跑道了。

飛機繼續滑向跑道尾端，接近跑道的最後一個出口時，陳家麟想起鼻輪轉向是用電力控制，現在無法使用鼻輪轉向將飛機轉出跑道，他只好放鬆左輪的煞車，讓飛機慢慢向右轉出跑道。

通常飛機滑出跑道之後，機工長會前來做飛行後檢查，然後才滑回停機坪。那天晚上，陳家麟在座艙中看到機工長前來的時候，他立刻做出關俥的手勢，告訴機工長他就在那裡關俥，不滑回停機坪了。於是機工長把輪檔放妥，將梯子放到座艙旁邊，等待陳家麟下機。

結果左等右等，機工長發現陳家麟不但沒有下飛機，怎麼連座艙罩都沒打開。機工長爬上梯子到了座艙旁邊，才發現陳家麟因為電力系統失效，被困在座艙裡。於是機工長按照緊急程序，由外面將座艙罩打開。

打開座艙罩的那一剎那，一股清風吹在陳家麟的臉上。他覺得格外的舒爽！脫下飛行盔，用袖子擦了擦額頭上的汗，多少細胞多少汗！他已經歷了此生最大的一場風險！

陳家麟爬下梯子的時候，吉普車也衝到飛機旁邊停下。陳家麟看著大隊長周善擇上校由吉普車上跳下來，立刻舉手敬了一個軍禮。周善擇看著站在飛機旁邊的陳家麟，以不敢相信的口吻對著他說：「小子，真的是你啊，你可把我們嚇死了！」

事後檢查，發現在陳家麟駕駛的那架飛機上，主匯流排（Main Bus）完全脫落，使飛機上所有的電力系統無法得到任何電力。飛機製造商認為主匯流排脫落是一種完全無解的狀況，因而在飛操手冊中建議飛行員立刻棄機跳傘。但是陳家麟中尉卻在有限的經驗下，憑著「為國家保存武器裝備」的信念，將那架故障的飛機飛回基地。

陳家麟在那天晚上出色的表現，替他贏得了當年「國軍英雄」的殊榮。但日後他提到這件事時，總會將它歸功於「運氣」。他覺得，那天事件發生時，飛機正好在基地附近，而且當天晚上不但月光皎潔，空中更是沒什麼雲，這對他在尋找地標時幫助很大。

只不過，內行人都知道，在電力完全失效的狀況下，除了運氣之外，還要有相當的膽識及臨事不亂的鎮定天性，才能化險為夷，得到最後圓滿的結果。

第7章

鍾力夫上尉

從高空到大海

民國六十年十一月二十八日正好是星期天，嘉義空軍四大隊救護中隊的劉建喬上尉與二十一中隊的韓蘄春上尉兩人相約，一起前往嘉義梅山的觀音瀑布去郊遊。

韓蘄春在官校比劉建喬低一個年班，不過兩人從官校時期就相當要好，畢業後兩人在嘉義分屬不同的單位，仍然常碰面相聚。

時間已經接近年底，南台灣的氣候依然悶熱，即使穿著短袖，走著走著也就渾身是汗。兩人站在瀑布旁的小水潭邊，看著那清澈的潭水，真想脫了衣服跳下去涼快一下。

當天他們在外面吃完晚飯，回到嘉義基地已快八點了。雖然在一起聊了一整天，似乎意猶未盡，因此韓蘄春又跟著劉建喬到救護隊的「少華廳」繼續閒聊，話題從當天去的觀音瀑布一路談到美國的尼加拉瓜瀑布，嚮往之餘兩人也相約，日後一定要找機會一起到那裡去看那座雄偉的大瀑布。

兩人都沒料到，那是一個永遠沒有機會實現的夢想。

兩天後，十一月三十號凌晨，韓蘄春駕著機號為 0111 的 F-100A 擔任拂曉巡邏的二號機。起飛十五分鐘之後發動機就熄火，他兩度嘗試緊急空中啟動，都沒有效果，只好在西螺河口以西十五浬處棄機跳傘。伴隨他的長機看著他的降落傘已經完全張開，但是在他的降落傘進雲之後，就失去了對他的目視。

飛行員韓蘄春海上跳傘後，因為傘繩纏繞而不幸殞命。

在嘉義基地擔任待命的救護機，於韓蘄春跳傘之後半個多鐘頭就抵達失事地點展開搜救。經過三天的搜索，並沒有找到他的蹤跡。

十二月十一日，一艘漁船在馬公附近撈到了韓蘄春的遺體，當時他的身上還纏著降落傘的傘繩，這表示他在落海之前因為某些我們永遠不知道的原因，沒有將降落傘解開，而導致致命的遺憾。

韓蘄春罹難之後，嘉義四大隊的所有飛行員都被告知他殞命的原因。隊上要求每位飛行員確實牢記海上求生訓練的要點，以免悲劇重演。

四大隊下轄三個中隊的飛行員們，雖然為失去了一位戰鬥夥伴而感到悲傷與難過，但是面對排滿的作戰、警戒與訓練任務，大家把懷念深埋在心中，改以冷靜與尋常的心境去執行每一個任務。

時間過得很快，轉眼就來到了民國六十一年二月八日。二十二中隊的幾個隊員排到一個掩護台金班機的任務。台金班機顧名思義是台北與金門之間的班機，只是在四十餘年前兩岸對峙情況相當嚴重的年代，這個定期班機並不是一般航空公司的班機，而是由空軍第六空運聯隊的軍用運輸機擔任。為了避免對岸軍機對無武裝的空運機進行攻擊，每次空運機往返金門與台北之間時，空軍都會派戰鬥機在高空執行掩護任務。

那天的掩護任務是由中隊長欒勤中校領隊，二號機是李萬里中尉，三號機是鍾力夫上尉，四號機是范思緯上尉。他們將駕著四架 F-100A 戰鬥機於早上九點半由嘉義起飛，起飛後先飛到馬公上空等待那架 C-119 空運機，等運輸機通過馬公轉向金門時，這四架戰鬥機將伴隨著空運機飛往金門。

空運機飛行的高度僅在七、八千呎，速度也僅有一百餘浬，而那四架戰鬥機則是以四百餘浬的真空速飛在兩萬七千呎的空層，①因此在飛往金門的航程中，運輸機上的組員根本見不到在高空掩護的戰鬥機群。但是他們知道，一旦有任何不明機企圖接近他們的那架空運機時，戰管會很快的引導那四架戰鬥機，如飛鷹般由高空呼嘯而下，替他們解圍。

那天 C-119 在金門落地的時候，四架擔任掩護的 F-100A 正飛在金門以東二十海浬處。領隊欒勤中校知道空運機安全抵達金門，掩護任務已經達成，於是呼叫僚機轉向東南方，開始返航。

就在四架飛機向右壓坡度轉彎時，擔任三號機的鍾力夫突然聽到一聲發動機的巨響。他一開始以為是發動機的壓縮器失速，但隨即發現發動機尾管溫度快速上升，還沒來得及做出任何反應之前，發動機火警燈也亮了起來。他無須思考，下意識的將油門收回，登時一股慣性讓他的身軀向前衝去，如果不是兩條繫緊的肩帶將他拉住的話，他絕

---

①飛機在空氣中快速的移動時，飛機會感受到四周有一股強烈的風，就像車子在以一百公里的時速在高速公路上奔馳時，如果您在那時將窗戶打開，您會感覺到那股時速一百公里的風。科學家根據這個原理設計了一個裝備，將飛機所面對的風由一根管子通到一個可伸縮的風箱，強烈的風被引到那個風箱裡面之後，會導致風箱膨脹，風箱頂端接著一個指針，會根據風箱的伸縮而移動，那個移動的指針所指示的就是當時的風速，這個裝備就是最簡單的飛機空速錶。

而飛機的空速，與一般人所想的「速度」還有個很大的差別，在一般人的印象裡，開車以時速一百哩的速度前進，那麼一個鐘頭之後，一定前進了一百哩的距離，但是因為飛機在空中飛行時受風的影響很大，一架飛機以二百哩的空速在飛行時，如果當時正好有五十哩的逆風，那麼一個鐘頭之後，這架飛機只前進了一百五十哩，反之，如果所面對的是五十哩的順風，那麼一個鐘頭飛機就可以前進二百五十哩的距離。

根據前一段所說的，我們可以得到一個結論，那就是飛機飛行時與空氣之間的相對速度是所謂的「空速」，而飛機與地面的相對速度我們稱之為「地速」。用前面一段的例子來說，那架飛機在順風或逆風時的空速都是兩百哩，但是那架飛機的「地速」在順風時是二百五十哩，逆風時卻只有一百五十哩。

而飛機所面對的風速會隨著空氣的溫度及壓力而改變，當飛機逐漸爬高時，這種改變尤其顯著。在兩萬呎的高度，空氣的密度還不到海平面的一半，在這種空氣稀薄的情況下，飛機要飛的更快才能有足夠的空氣分子進入那個伸縮風箱，讓那個風箱膨脹到與飛機在海平面時的同樣程度，所以當兩架飛機同樣的空速顯示是二百哩時，在高空那架飛機的「地速」要比在低空那架飛機的「地速」要快。

在物理學及航空工程裡，對空速的講述還包括了「指示空速」、「真空速」及「校正空速」等，前面的解釋就是所謂的「指示空速」，真空速是將飛機當時高度的氣壓，換算成海平面的氣壓所得的空速。在解釋那些名詞時都要引用相當深奧的數學公式，這裡我僅是以最簡單的文字將這個概念傳述給大家，希望對大家在閱讀本書時能有些幫助。

對連人帶頭盔會狠狠撞上儀錶板。當然，收回油門會讓飛機很快的慢下來，他只是沒想到會減速的那麼快。

速度降下來了，雙眼自然的往發動機轉速錶看去。這一看，讓他頭皮一陣麻，原來發動機的

鍾力夫的駕駛的 F-100A 戰機發動機起火，但他在座艙內卻看不到尾部的火勢。

轉速錶指針很快的回轉到「0」的位置，表示發動機已經咬死。他知道他已經碰上每個飛行員最不願面對的狀況，那就是發動機在大海上空發生故障！

鍾力夫正要向長機報告飛機發動機故障時，他看到了他的僚機范思緯正由他的左邊通過，衝到他的前面，同時耳機中傳出了范思緯的的聲音：「Three，你的飛機起火了！」他轉頭想看看自己的尾部，但在座艙中視線受阻，看不到任何火焰。

「Lead，這是 Three，發動機熄火，火警燈亮。」鍾力夫向長機欒勤中校報出飛機的狀況。

「Three，定向馬公，到那裡迫降。」欒勤中校聽到鍾力夫的報告之後，很快在心中盤算了一下：當時飛機高度是兩萬七千呎，距離馬公機場大約五十五浬，以 F-100A 的飄降率（一比十三，每飄降一呎可以前進十三呎）來算，該是可以飄到馬公，因此他立刻建議鍾力夫往那裡飄降。

但是他也知道，即使有辦法飄到馬公，要將一架那麼重、那麼大的飛機以無動力的方式飄降到跑道上，實在是一件非常冒險的事。於是他也要求戰管通知待命的救護機起飛，前往馬公方向與他們會合。

發動機熄火之後，發電機也停止運轉。為了節省電瓶的電力，鍾力夫按照技令上的指示，將飛機上不用的電力系統關掉，然後開始仔細思考下一步該做什麼。

兩萬七千呎的高度看起來很高，不過這可是一架重達三萬磅的飛機。雖然正在滑翔似的飄降，卻絕對不如一般滑翔機的輕盈，反而有著自由落體般的沈重。按照他目前的飄降下降率，他會在十五分鐘之內抵達海平面，那時他應該就在馬公附近。在發動機熄火、沒有液壓的情況下，是不可能安全迫降在機場的，因此最理想的情況是在澎湖群島上空跳傘，這樣他即使落在海中，也可以快速遇救。

再進一步想，等他飄到馬公時，高度必然已經低到必須利用零秒掛勾的地步。② 如果那個小掛勾失效，他的下場將會很慘……反之，如果他在安全高度跳傘，那麼一定是在大海上空彈射出來，落海後勢必要在低溫的水中泡上一陣子，等待救護機前來。而救護機能否在茫茫大海中找到他，更是在未定之天。

左想右想，他知道今天自己是一定要跳傘。而無論什麼時候彈射出來，都會受罪了。

鍾力夫在座艙中聽不見熟悉的發動機聲音，這種不自然的寂靜，讓他相當不習慣。他看著高度錶指針不斷向反時鐘方向轉動，無情而果斷，高度每掉一個刻度，他神經緊張的指數就向上調升一個刻度。很快地，他覺得自己的呼吸頻率已經破表了。

他幾次試著回頭看看尾部的情形，但是都看不到任何異狀，也看不到火焰的情況。這讓他心裡更著急了，看不到尾部著火的情形，不知如何判斷情勢，於是他按下油門上的通話按鈕，想呼叫已經將速度降低、小心伴飛在他左翼的四號機，問問他自己飛機尾部的火勢。

沒想到，按下通話鈕之後才發現，飛機電瓶的電力已經用罄。他已經無法與外界聯絡了！

飛機還是平穩的向下飄降著，座艙裡的鍾力夫已焦急如熱鍋上的螞蟻。在無法知道

②零秒掛勾的作用，是讓飛行員在低空彈射出來時，能夠迅速開傘。

飛機的狀況下，他覺得自己就像坐在一顆不定時炸彈上面，如果火勢蔓延到機身油箱的話，那麼飛機隨時都會爆炸！

鍾力夫隔著座艙罩看著四號機，他覺得范思緯似乎在對著他做手勢，可是他又看不懂那個手勢是什麼意思。他想，會不會是范思緯看到火勢已失控，在叫他趕快跳傘？他又想到即使飄到馬公，在不能與外界通話的狀況下，他也不可能進場迫降，最後還是得跳傘。

反正遲早都是要跳傘，那麼晚跳不如早跳，最少這樣就不用去顧慮飛機爆炸的問題。想到這裡，他決定立刻跳出這架隨時可能爆炸的飛機，於是他將雙腿收回，把頭盔上的護目鏡拉下，再伸手把座椅兩旁的彈射手柄拉開，啟動彈射程序。一剎那間他感覺到座艙罩被炸開了，有股難以形容的巨大暴力將他推出座艙，在他因為G力而昏眩之前的萬分之一秒，他瞥見機內的高度錶指針正通過兩萬呎的刻度。

飛在鍾力夫左翼的范思緯，在毫無心理預警的情況下突然見到鍾力夫由飛機中彈射出來，著實吃了一驚。他在無線電中喊著：「Three已經跳傘！重複，Three已經跳傘！」

長機欒勤聽到四號機的呼叫後，立刻壓下右翼，將飛機向右轉，想看清楚鍾力夫跳傘的情形，但戰機速度太快，他根本找不到鍾力夫的蹤影。他僅能通知戰管將自己目前的位置標下來，轉告已經起飛的救護機。

鍾力夫在空中轉了幾個圈，成功與座椅分離，快速地以自由落體的速度向海面墜落。那種快速下墜的感覺，逼迫得他幾乎喘不過氣來。一面往下墜，他一面放眼四方，只見到沒有邊際的藍天，彷彿左邊、右邊、上面、下面都是藍天。這是他從來沒有經歷過的奇妙感覺，因為每個人都習慣在自己的周遭有些「東西」，例如房子、樹木或是山野，這些在周遭的「東西」會讓人的視野產生遠近的景深，讓自己可以藉著周遭的「東西」來比對自己的大小。

但他飄在空中往下墜落，四下沒有任何「東西」，頓時讓他感到蒼穹何等廣大，自己如此渺小。他不禁懷疑，救護機上的人怎能在這麼廣闊無邊的空間裡，找到一個那麼微小的他？

他知道降落傘上的氣壓器會在他的高度掉到一萬呎時將降落傘打開。但是他在向下墜落時，無法知道自己已經掉到哪個高度了，他感覺好像已經以高速向下墜落了很長很長的一段時間。他開始懷疑：那個氣壓器是不是故障了？自己的高度是不是已經低於一萬呎了？自己會不會撞在那堅硬如水泥的海面上？於是他伸手想要去抓胸前的一個D型開傘環，他想直接用手拉開D型環，好讓降落傘打開。就在這時，一陣巨大的力量將他由高速下墜中拉住，他在驚訝中抬頭上望，只見一朵橘、白兩色相間的降落傘已在他的頭頂張開。

降落傘張開之後，鍾力夫知道高度已經降到一萬呎，在這個高度不用氧氣就可以呼吸，於是他伸手解開氧氣面罩，立刻一股冰涼的空氣衝進肺裡。大自然似乎在提醒他：這是嚴冬。

此時另一個情況出現了。鍾力夫掛在降落傘下面，感覺卻不像印象中「該有」的、那種垂直下降的狀態，降落傘反而是左右擺動得相當厲害，自己簡直就是像掛鐘下面那個鐘擺似的，在空中來回大幅度擺動著。

他記得在水上求生班受訓時教官曾經解釋，如果碰到這種擺動的現象，解除方法是將左右傘帶附近兩根紅色的傘繩拉掉，這樣可以將傘下面的空氣放掉一些。於是他伸出雙手，企圖抓住左右那兩根紅色的傘繩，但不知是太緊張或是降落傘擺動得太劇烈，怎麼抓都抓不到那兩根紅色傘繩。

這時二號機李萬里中尉已經發現了那個在空中不斷擺動的降落傘，他連忙向長機及四號機報出降落傘的位置，可是長機和四號機一直找不到降落傘在哪裡。原因很簡單，飛機正以兩百多浬的速度在飛行，如果要盯住一個降落傘的話，就必須要圍著降落傘轉圈子，而兩百多浬空速的飛機在轉圈子時的半徑是相當大的，這種情況下，即使盯住降落傘看的李萬里，轉了不到半圈之後也看不到鍾力夫的降落傘了。

✈

鍾力夫試了幾次，都抓不到那兩根紅色的傘繩，他想起抗 G 衣左腿內側口袋裡有把傘刀。於是他抽出傘刀，將左右兩邊的傘繩各割掉一根，頓時圓圓的傘頂在兩側像開了個口似的，降落傘立即就停止了擺動，開始緩緩向下落。

雖然說那個降落傘是緩緩在向下飄落，但那也只是鍾力夫自己的判斷而已，因為在視野內並沒有任何固定在天空的物體，可以讓他用來對比自己下降的速度。他身上穿著厚厚的 B-15C 型翻毛領式飛行夾克，飛行衣內也穿著衛生衣褲，腳上穿的是飛行靴，手上再戴著飛行手套，所以全身只有飛行盔護目鏡下方、原本戴著氧氣面罩的部分是暴露在大氣中。鍾力夫只能根據拂過臉上護目鏡下方的風，略加判斷下降的速度。

除了很難判斷下降的速度之外，另外一個相似的難題就是判斷自己距離水面的高度。求生班的教官多次強調，落水之前一定要將降落傘脫去，以避免落海之後傘衣罩頭或是傘拖的狀況，這兩個狀況都是會致命的！鍾力夫當時牢牢的記住了這個重點，尤其是在兩個月之前，同屬四大隊的二十一中隊韓蘄春上尉被傘繩纏住的遺體被發現之後，他更是時常提醒自己：如果哪天他必須在海上跳傘，那麼務必記住在落海之前，就要將傘衣脫去。

但是此刻他掛在降落傘下，向著海面飄降時，他卻發現實在是很難判斷自己到底距海面二十呎或兩百呎。如果判斷錯誤，在兩百呎的高度就將傘衣脫去，那麼由那個高度摔在海面的後果，與摔在水泥路面上的後果是一樣的。所以他在下降的過程中，一直很仔細的往下盯著那看似平靜卻又洶湧的海面。

又過了一會兒，鍾力夫開始做落水前的準備，他先將雙臂下的救生背心的充氣拉開，讓救生背心充氣，這樣就可以確定在落海之後，不致於沈入水中。

離海面越近，鍾力夫就越可以感受到風的力道，掛在身下的那個救生艇也被風吹得亂晃。他看著那個在風中亂飄的救生艇，突然意識到可以用救生艇作為指標，在救生艇觸水的剎那，就快速將傘衣脫去。

突然間，鍾力夫覺得已經聽到海浪的聲音。他低頭往下看，這次他清楚的看到浪頭上的白色浪花！他知道距海面已經很近了，於是伸出雙手，抓住肩帶旁的快速脫離傘衣拉環，預備在救生艇觸水的那個當下就把傘衣脫去。

這時他才知道降落傘下降的速度有多快。他好像覺得救生艇才剛碰到水面，他立即把傘衣脫環拉掉，沒想到幾乎是同時間他就已經跌進水裡。降落傘被拉掉之後，立刻被海面的強風吹走。那種被吹走的方法，並不像落葉在風中那般飛舞，反而是像打地靶時發射的火箭似的，一瞬間就消失的無影無蹤。

掉進海裡嗆了幾口海水之後，鍾力夫掙扎著浮出了海面，看見救生艇就在前面不遠處，於是立刻抓住那根鎖住救生艇的繩子，將救生艇拉到身邊。他憑著直覺，想要用跨上腳踏車的方式爬上救生艇，但是根本使不上勁兒，試了幾次不但爬不進去小艇，反而每次都被大浪打回海中。

這時他想起來，在求生班時教官曾教過爬上救生艇的步驟，於是他照著記憶中的方法，雙手抓住小艇尾端兩側的把手，然後像匍匐前進似的，用力將自己拉進小艇。

好不容易進入小艇，喘了口氣，鍾力夫開始尋找艇上的求生包。求生包內有著與搜救飛機通話的無線電、煙霧彈、用來反光的鏡子、訊號彈、海水染色劑等求生物品，這些小東西都能幫助他與前來營救的人取得聯絡。但他在小艇內卻遍尋不著，才想起來那個求生包也是用繩子鎖住，所以他就將艇內的那根繩子拉回，結果他失望的發現，繩子的另一頭竟是空的，沒有任何東西繫在繩子上。求生包竟然不見了！

沒有了求生包，鍾力夫渾身的血液突然間凝固起來。他不相信，再找了一遍，還是空蕩蕩的沒有任何蹤跡。這種事怎麼會發生在自己身上呢？！想要從空中看見汪洋大海裡的飛行員，本來就不是一件容易的事，遇難的飛行員必須利用救生包裡的裝備來引起搜救飛機的注意。如今他沒了那個救生包，這樣會讓他獲救的機會更加渺茫。

鍾力夫整個人洩了氣，無力的坐在救生艇內。雖然他穿了不少厚重的衣服，不過渾身被海水打溼了之後，體溫喪失的很快。他將夾克的拉鍊緊緊拉到頂端，同時用救生艇上的兩片蒙布將自己包好，但是這些動作都起不了任何作用。他只覺得冷，很冷！非常的冷！

他知道救護隊的飛機該已經出動，而且救護機也應該已經聽到他傘包裡那個 URT-

33 緊急定位器（ELT，Emergency Location Transmitter）發出的訊號。但他也記得教官說過，台灣海峽冬天的水溫平均是十五度左右，在這種低溫下一個人大約只要兩個小時就會失去知覺。救護隊的飛機能在兩個小時內找到他嗎？他又想到了隊友韓蘄春，那天韓蘄春的傘包中的 URT-33 也曾發出過訊號……

一陣雷鳴般的響聲劃破了海峽上的寧靜。鍾力夫睜開眼睛，剛好看到兩架二十三中隊的 F-100A 由他頂上飛過，事後他才知道那是戰管臨時將正在空中的甯建中少校與他的僚機轉用，到他失事現場附近進行搜尋。他興奮的舉起雙手向著他們揮舞，但那兩架飛機只是低空通過而已，並沒有回頭在他頂上盤旋。以 F-100A 的速度及高度，絕對看不見在海面的他。令人懊惱的是，如果救生包沒有丟掉，他還可以用無線電與那兩架飛機聯絡，或是用煙霧彈來引起那兩架飛機的注意。不過雖然那兩架飛機沒有發現他，這兩架飛機的出現，讓他知道搜救的行動已經開始，他的信心也因此重新點燃了。

兩架 F-100A 離開後，鍾力夫又看見一架救護隊的 HU-16 水上飛機在他北邊盤旋，距離他至少有十海浬之遙。那裡應該是他落海的地方，但是海流已經將他向南推了一段距離。如果搜救機只是在他落海附近不斷尋找的話，那他不會有任何獲救的機會。

怒海上巨浪洶湧，鍾力夫覺得他一下子被推到浪頭頂端，像是在高處似的，他可以看到遠方的搜救飛機；但是下一秒鐘他又陷落在兩個浪頭之間的低谷，什麼都看不到了。鍾力夫以往在惡劣天候之下飛行，也從來沒有暈機，現在卻被海浪所征服，上上下下折騰了一會兒之後，開始暈眩想吐。

就在他即將把早餐吐出來的時候，「鯊魚」兩個字突然竄進腦海！萬一吐出來的東西把鯊魚引來，那他的下場會比凍死還要慘。想到這裡，他飛快的將夾克及飛行衣的拉鍊拉開，然後吐到飛行衣裡面，再將拉鍊拉上。

海浪持續狂暴地搖晃著他，他在小艇裡持續地暈眩又失溫，眼前開始產生幻覺。一片虛無飄渺的夢幻世界，他在一片煙霧中上下浮動著，似假非真，如夢似幻，在這個詭異的世界裡他還是覺得好冷好冷，而且一直聞到一股煙霧的奇特味道……

鍾力夫睜開眼睛定眼一看，猛然掉回現實，眼前還是一片大海，不過煙霧竟然不是幻覺，是真的！是幾枚煙霧彈在他的小艇附近。他立刻坐直了身子，看著那些冒出濃

鍾力夫順利地快速獲救回到基地，只比原先任務歸來的時間晚了三個多小時。

濃紅煙的煙霧彈。驀然間，空中傳來一陣螺旋槳發動機的聲音，他抬頭正好看見那架HU-16水上飛機對著他飛來，雙翼不斷搖動著，像是對他揮手一般，同時在通過他頂上時，又丟下一枚煙霧彈！

他被搜救機找到了！

鍾力夫的精神頓時提高了百倍，他對著那架搖動雙翼的飛機猛力的揮手，他獲救了！

那架水上飛機並沒有在起伏的大海中降落，只是不斷在他頭頂盤旋。不久之後，鍾力夫聽到了在嘉義基地經常聽到的直升機旋翼聲音，此時那個聲音聽在他的耳中成了最美妙的樂章。很快就有一架直升機飛到頭頂，在他的上方滯空停留，一個求生環套由直升機的右側放下。鍾力夫覺得臉上濕答答的一片，不知道到底是激動的淚水，還是直升機旋翼引起的水花打在臉上……

鍾力夫抓住由直升機上降下來的環套，將它套在雙臂下面，同時對著上方的直升機做了一個ＯＫ的手勢。立刻他感覺到一股力量將他由海中拉起，他在凌空的剎那，看著身下的大海，想起了「脫離苦海」這四個字。他覺得那個「海」字，用的真是貼切！

該架直升機是由蔡喜康少校及江珩華上尉所駕駛，他們與鍾力夫都是在嘉義基地服務，因此互相認識。在這種情形下見面，更是讓鍾力夫感到激動。他們告訴鍾力夫，這個機組是由嘉義先飛到馬公，還在那裡加油的時候就聽到水上飛機傳來已經找到鍾力夫的消息，於是立刻起飛趕到現場將他撈起來。現在他們已接到命令，為了讓鍾力夫盡快返回嘉義，他們將先飛到馬公，再由水上飛機將他送回嘉義。

當天下午一點多，鍾力夫回到了熟悉的嘉義基地，比原先那批台金掩護任務機的落地時間晚了三個多小時。當他步下水上飛機時，停機坪上響起一陣又一陣鞭炮聲，原來是聯隊長知道他獲救之後，特別叫人準備了鞭炮，慶祝這位年輕飛行員的重生。

鍾力夫在歡迎人群中，見到當天的長機欒勤中校及另外兩位編隊中的同僚，當下真有彷如隔世的感覺。他實在沒有想到，竟能在短短的三個多鐘頭後，自己就平安的站在他們面前。

鍾力夫上尉的獲救，其實是幸運之中的大幸。台灣四面環海，戰鬥機在執行巡邏及作戰任務時，多半是飛行在大海上空。這些年來多少飛行員因為飛機故障而必須在海上跳傘，但是能在大海中被順利找到並救起的飛行員，其實並不多。在他之前兩個月的隊友韓蘄春上尉，就是一個再明顯不過的例子。

而鍾力夫在落海之後，竟能在救生包遺失、沒有任何輔助求生裝備之下，順利被搜救飛機找到，實在是非常非常幸運了！

第8章

沈國禎上尉

搶救未來的總司令

「咚……」的一聲，左發動機的轉速開始向反時鐘方向轉動，尾管溫度也隨之快速下降。坐在飛機後座的沈國禎上尉知道，這意味著發動機熄火了。

面對這突來的狀況，他並沒有太緊張，因為這型T-38教練機有兩具發動機。一具失效之後，雖然推力減少一半，但仍然可以安全的飛返基地落地。

「教官，左發動機熄火了。」坐在前坐的陳淳修中尉，或許因為在飛行上累積的經驗還少，看著儀錶上的指示及翼下浩瀚無邊的汪洋大海，語氣間似乎有些焦急。

「不要緊張，記得空中啟動的程序吧？預備空中啟動。」沈國禎上尉很沈著地用機內通話系統告訴陳淳修中尉。

就在陳淳修將一號發動機的油門收回到慢俥位置，預備重新啟動左發動機時，右發動機竟然也「咚」的一聲熄火了，頓時整個座艙內一點聲音也沒有，寂靜得有一種讓人毛骨悚然的感覺。幾秒鐘之後，右發動機的火警警告燈開始閃亮，這個突然的發展讓沈國禎嚇了一跳。在台灣海峽上空碰到飛機的兩具發動機熄火，真是個相當嚴重的狀況。

那天是民國六十三年一月十日，沈國禎上尉擔任五大隊二十七中隊的飛安官，他與同隊的陳淳修中尉駕著一架機號為8514的T-38，正與另外兩架來自四十一中隊的F-104A進行攔截訓練。

沈國禎、陳淳修這兩位戰鬥機飛行員，為什麼會駕著一架教練機執行作戰演習任務呢？原來在民國六十一年時，美國為了由越戰的泥沼脫身，展開「越戰越南化」，企圖藉著大量交付武器給越南軍方，讓越南政府自己扛起保衛領土的責任。

為了在短時間之內湊出足夠的武器交給越南，於是美國國防部通知我國，把原先已軍援我國、但主權仍屬美方的 F-5A 戰鬥機群，抽回四十八架交給越南軍方。同時，美國空軍會派遣兩個 F-4 中隊戰鬥機進駐台灣，協助 F-5A 離開之後的空防任務。另外還會把二十八架 T-38 式教練機借給我國，供我國原先的 F-5A 飛行員們熟飛並維持飛行時數。

當時空軍總共有三個中隊的 F-5A 被抽走，分別是台南一大隊的三中隊、九中隊，以及桃園五大隊的二十七中隊。國軍接到補充的二十八架 T-38 後，其中的十八架平均分給了一大隊的三中隊及九中隊。剩下的十架，則給了桃園五大隊的二十七中隊。

其實，T-38 是根據 F-5 戰鬥機所發展出來的教練機。沈國禎原先就很熟悉 F-5 的操作，因此在很短的時間內就完成了 T-38 換裝訓練。他覺得 T-38 比它的前身 F-5 還要靈活，怪不得美國的雷鳥特技小組在一九七三年底將表演的機種由沈重巨大的 F-4 幽靈式戰鬥機，換成輕巧靈活的 T-38 教練機。

雙引擎教練機 T-38 的性能雖然靈活，頗獲沈國禎讚賞，不過在大海上空發生兩具發動機同時熄火的意外，卻仍讓他相當懊惱。

為了保持飛機的空速，並確保有足夠的空氣進入發動機，使發動機保持一定的空旋轉速，以便維持必要的操作及準備開俥，沈國禎立刻試著將駕駛桿向前推。但是液壓泵是裝在左發動機上，發動機熄火之後，液壓泵隨即失效，駕駛桿也變得相當沈重（這種情況，就和汽車熄火之後，動力方向盤變得非常沈重一樣）。沈國禎上尉呼叫前座的陳淳修中尉幫他將駕駛桿向前推，兩人用盡了力量，還是無法推動駕駛桿。

飛機沒了推力，而飛機的姿態又是機頭微仰，所以空速及高度都掉得很快。最糟糕的是發電機也停止運轉，讓無線電也失去了對外通話的功能，沈國禎根本無法將飛機熄火的狀況向戰管報告。

而在空中，正在與 T-38 進行攔截演習的兩架 F-104A 長機飛行員顏勝義少校，觀察到那架 T-38 的狀態怎麼怪怪的，高度掉得很快，機翼又左右擺動，好像是失去控制似的。於是他立刻把觀察到的情形向戰管報告。

戰管聞訊，就試著呼叫沈國禎，卻沒有得到回應。此時戰管的雷達上還可以看到該機，而且既然該機也沒有回報任何不正常的情況，所以管制官並沒有太緊張，只是讓顏勝義繼續注意沈國禎的那架飛機。

沈國禎在座艙中看著兩具發動機的轉數都只有百分之十左右，而液壓錶及滑油壓力錶也都指著「0」，整個儀錶板上只有高度錶的指針在飛快的向反時鐘方向轉動，飛機的高度已掉到五千呎以下了。沈國禎轉頭向機外一看，只見灰綠色的海面像一張魔網似的正對著他迎面撲來。他知道在海上跳傘已是無可避免，也是唯一的求生途徑了！

「淳修，做好跳傘準備！要跳了！」說完之後，沈國禎很快將雙腿收回，拉下頭盔上的護目鏡，接著把座椅兩側的彈射手柄拉開，再用雙手將兩側的手柄夾緊。頓時，那架 T-38 後座的座艙罩彈開，一陣狂風吹進座艙，隔著氧氣面罩沈國禎聞到一股突然衝來的、很像鞭炮爆炸的火藥味。他還在想著怎麼會有火藥味的時候，他座椅後面的那個火箭已經擊發，一股強大的推力將他及座椅一同射出飛機。兩秒鐘之後，陳淳修中尉也被彈射出那架故障的飛機。

飛在 T-38 後上方的顏勝義，突然看見有兩個黑點由那架飛機中彈射出來，心中大吃一驚，隨即按下通話按鈕呼叫戰管：「哎呀！快叫救護機，T-38 上的兩個人跳傘了！」

沈國禎在彈射的巨大 G 力下暫時昏眩了一陣子，清醒過來時，他已與座椅分離，掛在降落傘下，朝著海面飄落。他轉頭看看四周，天空灰濛濛的，看不見自己的座機，也看不到另外一具降落傘，他根本不知道在前座的陳淳修是否也彈射出來了。

一月份台灣海峽上空異常寒冷，只穿著單薄飛行衣的沈國禎看著腳下洶湧的怒海，突然想起了起飛之前，在著裝的時候他刻意脫掉的那件飛行夾克。當時覺得穿著夾克在狹小的座艙內活動不方便，加上飛機的空調系統很有效，座艙內的溫度始終保持攝氏二十五度的常溫，根本不需要穿夾克，所以他在飛行前都會將夾克脫去。如今他掛在降落傘下，被不到十度的東北風吹得全身發冷，他多麼希望那件夾克還在身上。然而再多的後悔，也不能讓他躲過即將面對的冰冷環境。

沈國禎低頭檢查掛在腳下的救生小艇，見它已經充氣，這點讓他放心不少。為了保險起見，他也將兩個腋下的救生背心拉開充氣，這樣就能確保落海時不致於沈下嗆水。

每個降落傘的傘包裡都有一個 URT-33 型的緊急方位發報器，在降落傘打開的那一剎那，就開始將降落傘的信標傳發出去。那天沈國禎及陳淳修的兩具降落傘打開時，全台灣的每一個無線電接收器幾乎都接到了訊號。

位於清泉崗空軍基地的美軍部隊也收到了兩具降落傘所傳出的緊急訊號。他們知道當時並沒有美軍的飛機在台灣附近飛行，因此他們透過美軍協防司令部通知中華民國國防部聯合作戰中心，表示台灣附近有飛行員跳傘，並詢問是否需要美軍協助。

空軍作戰司令部也已經收到 F-104A 長機顏勝義的通報，表示參與攔截演習的 T-38 墜毀，兩位飛行員跳傘。另外，墜海的地點是在海峽中線以西，距中國大陸沿海較近，當年兩岸敵對情況十分緊張，為了避免對岸共軍對我方無武裝的救護機進行攻擊，因此空軍作戰司令部非常歡迎美軍提供空中搜救。種種因素相加，當天第一時間起飛的救護機，竟是駐清泉崗基地的美軍 HC-130 搜救機及一架 H-3 海王式直升機。美軍搜救飛機出發後，作戰司令部接著又通知在新竹待命的我國空軍救護隊直升機緊急起飛。

救護中隊當天在新竹待命的 HH-1H 直升機機長是江珩華上尉，他在上午十點左右接到緊急起飛的命令，隨即與待命的組員快速登機起飛。

直升機起飛後，戰管指示江珩華上尉飛向海峽中線附近執行搜救任務，但沒有說明是什麼型式的飛機墜海。戰管還告訴他，現場有美軍的飛機也在搜救，只要他發現目標，就立即使用 G 頻道通知美軍，因為當時搜救區海面的風速已達四十浬，超出了救護隊 HH-1H 人員吊掛的風速限制。

沈國禎記得，以前在水上求生訓練班的教官曾一再強調，在水面上跳傘，落水之前必須先將降落傘解開，免得被傘拖行或傘衣罩頂。這是非常危險的情況。所以沈國禎一直注意自己距離海面的高度，等到他看到掛在腳下的救生艇接觸水面的那一剎那，立刻將傘帶的環扣拉開。降落傘馬上就被強風吹走，而他也瞬間掉進了冰冷的台灣海峽。

雖然落海之前已經預期海水會很冷，但一旦真正掉進海裡，他才知道什麼叫做冷。他用顫抖的手抓緊扣住救生艇的那條繩索，將小艇拉到身旁，然後抓住小艇兩邊用力一撐，翻身爬上了小艇。

本來沈國禎以為上了救生艇之後應該不會像剛剛泡在海裡那麼冷。不料他現在渾身濕透，又被強烈的海風吹在身上，好像失溫的速度更快。他將救生艇邊上的那小塊蒙布裹在身上，希望有些保溫的效果。只是他仍然凍到渾身發抖，牙齒劇烈打顫。

沈國禎又想起了他前座的同僚陳淳修。剛才他掛在降落傘往下飄降的時候，並沒有看到陳淳修的傘。現在他平安上了救生艇，向四下放眼望去，仍然看不見另一艘小艇的蹤跡。他開始擔心起陳淳修的安危，他真不願意去面對只有他一個人成功逃生的狀況。

海上的風浪好大，沈國禎覺得每個浪頭都有一、兩層樓那麼高，讓人感到大自然的威力。每個大浪打下來時，都給他泰山壓頂的感覺，他的小艇被大浪打翻了好幾次，每次他都必須用繩索將小艇拉回來，再爬回艇上。那時他想到如果不是有繩索把小艇綁在他身上的話，幾個大浪下來，他絕對會被沖走。

也就是那時，他覺得自己的救生艇在巨大的浪頭中間是如此渺小，即使自己穿的是橘紅色的飛行衣，救生小艇也是顯眼的黃色，處於澎湃洶湧的波濤之間，被目視發現的機率真是不大。驀然間，他覺得整個世界似乎已將他遺棄，他從來沒有覺得那麼的孤單。

空中傳來一陣飛機的聲音，沈國禎抬頭看見一架美軍的 HC-130 飛進他所在的海域上空開始盤旋。雖然飛機離他還很遠，高度也太高，不可能看的到他，但他的精神為之一振，因為知道搜救行動已經開始。

過了沒多久，又來了一架美軍 H-3 海王直升機，這架直升機離他似乎較近一點。為了讓自己更明顯，也為了讓那架飛機早一點看到他，沈國禎急急忙忙將救生包取出，想拉開煙霧彈來引起注意。

就在這時他犯了一個大錯！他急著要拿煙霧彈時，忘了在求生訓練時教官所叮囑的另一件事：從救生包中拿東西時，切忌將整個拉鍊全部拉開。拉鍊拉開的幅度，應該只能容一隻手伸進去即可。這樣的原因是，如果把救生包的拉鍊整個拉開，那麼一個大浪打來，可能會把救生包裡所有的東西東西全部沖走。

那天沈國禎就犯了這個錯誤。他望著天上的飛機，急著想趕快發射煙霧彈，就在他將救生包的拉鍊拉開時，一個大浪迎頭打來，再度將救生艇打翻，等他拉回小艇，爬回艇上時，才懊惱地發現救生包裡所有的東西都已被大海吞噬。這下只能望著天上的那架飛機嘆息了！

空軍救護隊的那架 HH-1H 這時也飛進 T-38 墜海的空域。江珩華上尉下令飛機上所有人員都就位，每個人都張大眼睛向下搜索。他則憑著幾年下來的經驗及自己研發出來的一套獨特搜救方法，開始在海上來回巡視。他的那套獨特搜救方法就是先聆聽 URT-33 緊急方位發報器的訊號，如果聽到較強的「啾……啾……啾……」聲訊號，那麼目標必定來自機身左右兩側，因為機腹下方的「ADF」刀型天線，① 左右兩側接收面大，所以收到的訊號會較強。這個理論曾在隊部飛行研討會中提出，並經過實際操作時的認證，他還因為這個見解得到莒光楷模的獎勵。

江珩華在海面隨著訊號的強弱，飛了幾個航線之後，就發現了海面上的一個載浮載沉的救生小艇，艇上的飛行員還頻頻對著他們揮手。直升機上的全體組員看見那個小艇，真是欣喜若狂。江珩華下令組員先在目標附近投下「目標定位煙幕彈」，然後自己飛了一個小航線，將機頭對準風向，同時將高度緩緩下降至目標上方。

當時現場的海浪幾乎有三十呎高，差不多等於九公尺，而且風速非常大，在這種情況下實施吊掛作業，真是相當困難。為了飛行安全，他必須將飛機控制在高於浪頭的安全高度，但在這種情況下，吊掛鋼索會被風吹得不容易控制。如果他將機身降低，讓機身接近浪頭，這時吊掛鋼索會比較容易控制，可是如果突然遇到一個大浪，他必須立刻調整總變距操縱桿（Collective Pitch Control Stick），以便確保飛機與最高海浪之間有一個安全高度。那實在不是一件簡單的事。

就這樣在強風及海浪之間拼搏了二十多分鐘，江珩華的那架直升機終於順利將已奄奄一息的飛行員吊掛上來。隨機的醫務士由飛行員胸前的名牌知道他是陳淳修中尉。他除了身體嚴重失溫，其它方面都算正常。醫務士先將他濕透的飛行衣脫掉，替他裹上毛

①自動定向儀，Automatic Direction Finder。

毯，同時讓他喝了一小口五十八度的金門陳高。

沈國禎上尉看著救護隊的 HH-1H 直升機在他不遠處滯空飛行，他知道他們一定是看到了陳淳修，並預備進行吊掛。他心中為陳淳修擔憂的那塊巨石終於放下，同時期待著幾分鐘之後自己也會被救起。

然而沈國禎看著那架直升機將一位飛行員吊掛進飛機之後，並沒有朝著他的頭頂飛過來，而是立刻關上艙門，快速對著東方離去。

沈國禎坐在小艇上看著漸漸飛遠的直升機，自己的心也一直往下沉。他覺得自己好像那架消失在天際的直升機，即將消逝在這茫茫大海中。不管直升機是因為什麼原因離去，他不相信下次直升機再飛回原地時，他還會停留在原地。因為台灣海峽的潮流又急又快，而且是出了名的難以捉摸。

在灰心之餘，沈國禎開始數落自己：早上沒穿夾克上飛機、飛機的兩具發動機熄火墜毀、因疏忽將救生包中的求生物品全數遺失……這一連串無心的失誤，好像正一步步將他帶往萬劫不復的深淵。

就在沈國禎萬念俱灰的時候，一陣直升機旋翼的啪啪聲由頭上傳來，同時一枚定位煙幕彈落在他身旁。他猛抬頭，原來一架美軍的巨型直升機正緩緩在他頭上滯空飛行，這個景象重新點燃了他對生命的信心！

江珩華上尉正對著桃園基地快速返航，他很高興的通知戰管，已經順利將落海的飛行員救起了。沒想到戰管竟回問了他一句：「救起幾位？」同時間，後艙的醫務士也探頭過來告訴他，救起的陳淳修中尉說他的後座沈國禎上尉也在海上待援。

江珩華上尉聽了之後瞬間傻眼，閃入心中的第一個念頭就是：「哇賽，沒有人告訴我是雙座啊……」他下意識的想調轉機頭，重回現場去尋找

沈國禎被美軍的直升機救起。

另外一位飛行員，但是儀錶板上的油量錶卻告訴他已沒有餘油可以讓他再回去找另外一位飛行員了。然而就在此時，戰管又通知他美軍的直升機已發現了尚在海面待援的另一位飛行員。這個消息讓他放心不少，於是放心地向桃園基地飛去。

沈國禎被美軍的直升機吊進機艙之後，忘記了先前在低溫下的沮喪，極度興奮的向後艙中的美軍人員道謝。一位穿著潛水裝備的美軍救護士將沈國禎濕透的飛行衣脫掉，為他穿上一件美軍的夾克，又裹上了毛毯。沈國禎穿上那件飛行夾克時，真是百感交集，當天稍早他若穿著夾克去飛行的話，是否就不會被凍得那麼慘呢……

美軍救護士開口問沈國禎，可否把沈國禎飛行衣上的名牌及隊徽拆下來當成紀念。沈國禎聽了滿口答應，美軍救護士立刻抽出一把鋒利的小刀，將沈國禎的名牌、隊徽由飛行衣上割下來。

兩架直升機先後在桃園基地落地，停機坪上已經擠滿了歡迎的人潮，大家都很高興，在這麼短的時間內就將兩位飛行員救回。在北台灣寒冷的一月份氣候下，若再耽誤幾個小時，就很可能是不一樣的結局。

落地後，美軍 H-3 的直升機組員特別跑到我方的那架 HH-1H 直升機上參觀。他們想要知道，我方直升機上到底是暗藏了什麼特殊裝備，竟然能在那麼短的時間內就找到落海的飛行員。美軍飛行員還說，他們是先看見江珩華的飛機救起陳淳修，然後才快馬加鞭飛到那個現場附近繼續搜尋，也才能順利找到已經被凍得奄奄一息的沈國禎。

江衍華聽了美軍飛行員這麼說，就帶美軍組員到我方那架幾乎是陽春式的搜救直升機上，讓他們看看我方並沒有任何先進的儀器。他告訴美方組員，能那麼快的找到落海的飛行員，其實靠的是運氣。江衍華卻沒有將自己靠的是經驗那段說出。

江珩華雖然在這次搜救任務中救回了一位飛行員，也得到美軍的讚賞，但是，空軍作戰司令部的長官們卻有不同的想法。

幾天後，江珩華上尉被叫到作戰司令部，長官們問他為何「陣前違抗作戰指令」。

因為在出發搜救時，江衍華已被清楚告知，一旦發現目標時，他該用 G 頻道通知美軍，原因是當時搜救區海面的風速已經超出救護隊HH-1H人員吊掛的風速限制（四十浬）。作戰司令部的長官表示，在那種情況下勉強冒險執行吊掛作業，可能導致整個搜救任務失敗，甚至危及全組人員及待救飛行員之性命。

江珩華面對作戰司令、搜救中心（RCC）主任及空中作戰指揮中心（AOC）的高勤官各項訊問時，只簡單答稱「在海上發現陳淳修中尉時，發現陳中尉情況緊急，必須立刻營救；而當時無線電通訊不良，無法與美軍取得聯絡，因此小心執行吊掛，全力完成上級交付之任務」。

參與調查的各級長官聽了江珩華的話之後，接受了他的解釋。對於原先所指控的「陣前違抗作戰指令」一事，不但不予追究，反而記大功一次以示獎勵。

當天被救起的沈國禎上尉，在三十二年之後，於民國九十五年二月間，成為我國空軍司令，並晉升為空軍二級上將。他在與筆者談到那天的故事時說到，如果不是美軍的飛機也在現場搜救，他當天存活的機會非常渺茫。假設是這個結局的話，那他在空軍中只會是一位烈士，而不會成為最高層級的指揮官了……

美軍的那架 H-3 直升機組員大概不知道，他們替中華民國保住了一位空軍司令！

第9章

郜肇賡上尉

打破低溫極限

根據醫學理論，正常人如果浸泡在攝氏二十度的冷水中，那麼在兩個到七個鐘頭之間，就會因為失溫而昏迷，繼而死亡。

當然，這只是一個「推測」，現實生活中或許有一些人因為體格強壯而撐過那七小時的「理論極限」。有些人也許可以超出極限達兩、三個鐘頭，但是幾乎沒有任何案例中曾有超出極限一倍以上的「例外」。

以下這篇故事就是描述一位中華民國空軍飛行員邰肇賡的故事。他在執行夜間戰備演習任務時，因飛機故障而於台灣海峽上空棄機跳傘，在攝氏二十度的海水中竟然撐過了十五個鐘頭才獲救。

主角登場

邰肇賡畢業於空軍官校五十一期。他在派到三大隊擔任 F-104G 飛行員之前，曾在部訓隊飛過 F-86，在五大隊飛過 F-5A。如果再加上在空軍官校時飛過的 T-28 及 T-33 的話，他在民國六十三年以二十八歲的年紀，已經有了五種飛機的飛行經驗，是當時空軍異常傑出的上尉飛行官。

民國六十三年六月底，空軍的年度「鵬舉演習」在各個基地揭開了序幕。空軍每個部隊都要藉著這次演習，對空軍總司令部交出過去一年間戰備訓練的結果。所以這個演習的重要性，自然不在話下，每個部隊都希望在演習中把自身最佳的戰力表現出來。

六月二十五日，清泉崗基地的第三戰鬥機大隊整天都籠罩在一片戰鬥氣氛之下，一批批的演習飛機從清晨起就不斷起飛，前去執行拂曉巡邏、空中攔截、空靶射擊、地靶炸射等不同的演習任務。飛行員及地勤官兵都精神抖擻地將每個任務當成真的作戰任務來執行。

三大隊八中隊的郜肇賡上尉當天被排在夜間兩架十五分鐘警戒演習任務，擔任二號機。警戒任務一般分成三種：五分鐘、十五分鐘及三十分鐘，第一種五分鐘警戒是在警鈴響起後五分鐘之內，飛機必須離地，並向戰管報到。第一批五分鐘警戒飛機起飛之後，擔任十五分鐘警戒的人員就立刻遞補成五分鐘警戒，而擔任三十分鐘警戒的就順次遞補成十五分鐘。如此的安排是足夠應付一般的緊急狀況。

擔任五分鐘警戒的飛機都是停在警戒機棚，所以十五分鐘警戒的飛機只能停在滑行道旁邊的機棚，而這個機棚裡供飛行員待命的警戒室不但很小，而且沒有冷氣，比起舒服的五分鐘警戒室，環境要差多了。

當天與郜肇賡一同執行十五分鐘警戒任務的是八中隊的輔導長。兩人待在那個小警戒室待命的時候，難免抱怨警戒室怎麼沒有冷氣。六月底台灣中部實在悶熱，一般人早已穿著短袖上衣與短褲，然而他們兩人卻必須穿著密不透風的飛行衣，加上抗G衣，還要套一件救生背心，全副武裝坐在小房間待命。說有多麼不舒服，就有多麼不舒服。

郜肇賡告訴輔導長，與其在這裡熱得要命的等待，他寧可立刻出動。戰鬥機的座艙雖然窄小，至少還有空調。輔導長一聽就笑了，因為有狀況的話也是由五分鐘警戒的飛機先出動，十五分鐘警戒飛機出動的機率不大，所以他覺得郜肇賡想吹冷氣的願望應該不容易實現。

怎麼會是我們先出動？

輔導長剛說完這句話不久，他們那個小警戒室的警鈴就響了。郜肇賡聽見警鈴的第一個念頭就是：「五分鐘警戒的飛機都沒出動，怎麼就叫到我們十五分鐘的這一批？」但在那個當下並不是講道理的時候，警鈴響了就必須立刻出動，根本沒有時間讓他們去問清楚「為什麼是我們先」。①

輔導長與郜肇賡兩人飛快跑出警戒室，衝上各自的座機，在地勤人員協助下啟動了發動機。兩架飛機先後滑出了機堡，往36號跑道快速滑去。

進入跑道之後，郜肇賡見到輔導長那架飛機的尾管噴出一束白熾的火焰，隨即如脫韁的野馬開始前奔。他從見到輔導長尾管火焰的那一刻開始計時，四十秒之後，他將油門推到後燃器的位置，並鬆開煞車，也開始起飛滾行。

郜肇賡的飛機還在跑道上衝刺的時候，他就聽到輔導長向戰管報到的聲音，戰管隨即報出了不明機的方位，並引導輔導長前往攔截。郜肇賡的飛機離地之後，他很快地就在雷達幕上找到了輔導長那架飛機的光點，於是他順著輔導長飛機的軌跡，飛去與他集合。

當天是陰曆五月六日，端午節後的第二天，因此掛在天邊的月亮是漂亮的新月。廣闊的天空無雲，皎潔的月光將夜空照得相當明亮，郜肇賡看得到滿天星斗，也可以看見他機後漸漸遠去的岸邊萬家燈火。

輔導長的飛機在戰管引導下，快速與不明機接近。但是因為接近率太快，同時戰管引導的攔截角度不對，稍一遲疑就錯過了攔截的機會。輔導長悻悻的在無線電中說著：

「Target Missed（錯過目標）！」

雖然輔導長錯過了目標，飛在他後面七浬的邰肇賡上尉卻在那時在雷達上看到了目標。他用無線電通知長機及戰管：「Two, Bogie Radar Contact, 10 o'clock high（不明機雷達接觸，十點方位，高），往兩點方向前進。」戰管聽了之後，很快的回答：「Target confirmed（目標確認）！」表示邰肇賡在雷達上看到的光點確實是待攔截的目標。

目標確認後，戰管就停止發話，讓飛行員自己進行攔截動作。那時輔導長的飛機還在邰肇賡上尉的前方，為了避免誤擊長機，邰肇賡上尉立即通知輔導長左轉，這樣他才可以沒有顧忌的對著目標發射飛彈。

演習任務順利達成

邰肇賡將自己的飛機飛到一個最佳的攔截角度。因為這是演習，所以不必真正發射

①那天作戰司令部通知清泉崗基地警戒室，下令兩架飛機緊急起飛前往攔截不明機。聽電話的值日官在接到電話後，急著按下兩架緊急起飛的電鈴，但是忙中有錯，按到十五分鐘警戒的電鈴。當他發現錯誤時，那兩架擔任十五分鐘警戒的飛機已經滑出，所以就將錯就錯，讓那兩架飛機出勤執行任務。

飛彈，只要看著被雷達鎖住的那個光點，按下通話鈕並對著無線電說：「Fire One！（發射一顆飛彈）」幾秒鐘之後，他看著仍然被雷達鎖住的光點，再對著無線電說：「Splash（擊落）！」

因為 F-104G 的速度很快，所以沒多久之後郤肇賡的飛機就由假想敵的飛機機腹下通過。藉著明亮的月光，他很清楚的看見是一架 T-33 教練機。他看了看錶，晚上八點四十七分。從警鈴在警戒室響起到完成攔截，才花了十七分鐘。他很高興這又是一次圓滿達成的任務。雖然只是一次演習，不過他知道，即使那是一次真的敵機突襲的狀況，他也不會讓敵機有得逞的機會。

完成攔截任務之後，戰管將他們兩架飛機引導回航，並在飛機接近清泉崗基地時，將他們交給位於台中的航行管制中心（RAPCON, Radar Approach Control）。此時這兩架飛機才剛起飛不到二十分鐘，飛機剩餘的油量還很多，所以台中的管制中心要求他們多飛一個航線再落地。這個請求很正常，因此郤肇賡就隨著長機在台中外海再飛了一個航線。

真實的狀況出現了

晚上八點五十七分，郜肇賡的氧氣面罩突然脹了起來，同時他肺裡的空氣也被擠壓而全部吐了出來，一瞬間他完全吸不到氧氣。這是從來沒有遇到過的現象，他正覺得奇怪怎麼會這樣，眼前儀錶板上的雷達幕也黑了下來。他趕快將視線轉向發動機儀錶，發現轉速已低過百分之二十，而且還在持續下降。頓時他瞭解發動機已熄火，同時座艙也已洩壓，艙內的壓力已經低到與外界環境相同。所以在洩壓的瞬間，他體內原本是正常壓力的空氣，就被外界的低壓環境擠了出來。幸好等到機內艙壓與外界平衡之後，他又可以正常的呼吸。

郜肇賡發現飛機發動機熄火之後，第一個動作就是將通話的按鈕壓下，想向長機及RAPCON報告他的狀況。但是他失望的發現，包括無線電在內的所有電力系統均已失效。

無法與RAPCON聯絡，郜肇賡看到儀錶板上也是一片漆黑。於是他拿出手電筒照向儀錶板，發現除了高度錶及空速錶之外，所有的儀錶都掛掉了。磁羅盤上指示著飛機當時的航向是二七〇，高度是一萬七千呎，於是他將駕駛桿向左壓，讓飛機迴轉，朝向本島方向飄降，同時按照緊急程序開始進行空中啟動。

連續試了三次，都無法在半空中讓發動機重新啟動。而那時飛機的高度已經降到一萬呎以下了，在那種情況下他必須儘快跳傘逃生。要不然，極短的時間內他就會隨著飛機墜入台灣海峽。於是他用右手將駕駛桿拉回，讓飛機仰角，同時將雙腿收回，再用左手抓住兩腿之間的彈射環，用力一拉。

立刻他覺得一股巨大的力量快速將他的雙腿向回拉緊，[2]在他還沒反應過來到底發生了什麼事情的一瞬間，裝設在他座椅後面的火箭就已擊發，然後他就在一股強大的推力之下昏眩過去，完全不記得他是如何由故障的飛機裡出來的。

郜肇賡在天空中轉了幾圈，被降落傘展開時的拉力震醒。他環看四周，雖然是黑濛濛一片，但是天邊的一輪新月，卻將海面照得相當清楚，他可以看到海面許多漁船的光點。這讓他放心不少，落海之後應該不會等很久就能獲救。

月色明亮，可是飛行員不見了

輔導長飛完一個航線，正預備加入航線三邊返場落地時，發現無法與二號機取得連絡。他問RAPCON，是否還與他的僚機維持聯絡，RAPCON很快的回答他，他們也無法與他的二號機取得聯絡，而且在他們的雷達幕上已經看不到二號機的光點。

這個狀況相當嚴重。聯隊長張少達少將與總部前來督導演習的督察長那時剛好在跑道頭的飛輔室，當張少達聽到二號機光點消失時，他抬頭看著窗外明亮的皓月，喃喃自語說：「天空這麼亮，飛行員怎麼會空間迷向變動作掉下去？」那時沒有一個人想到部肇賡可能是飛機出了狀況。

無法救生的救生艇

部肇賡正在向海面飄降，感覺到左手疼痛異常。他將左手抬起，才發現整個左手的

②洛克希德公司在設計F-104這型飛機時，為了避免飛行員在彈射跳傘時雙腿收回的程度不夠，導致彈出座艙時撞到擋風玻璃的邊框，將雙腿撞斷，於是讓飛行員在飛行靴的外面再套上一個像馬刺般的裝置。當飛行員進入座艙之後，將那個馬刺套上座椅下的兩個鋼索連著的鋼球，若飛行員啟動跳傘程序時，座椅下的一個裝置會將那兩根鋼索很快的回收，飛行員的雙腿就會被那鋼索上的鋼球拉回座椅邊上。這樣就可以確保飛行員的雙腿在彈射的過程中，不會撞到任何東西。

手背腫得像饅頭那麼大，手套都幾乎要撐破的感覺。他只好把左手的手套脫掉。少了手套的壓迫，疼痛的感覺似乎減輕了一些，但仍然隨著血液的脈衝而疼痛。他不知道左手到底是撞到什麼東西，唯一可以想到的就是在彈射出座艙時，左手撞到了正在拉回來的駕駛桿。

在海上求生訓練時教官曾不斷強調一個要點：務必在落水之前，將降落傘脫去。但是教官卻沒有說明在晚上要如何判定自己與水面之間的距離。郜肇賡雖然可以看到水面一些漁船的燈火，卻無法憑藉著那些光點來判斷自己與水面的距離。不過，他卻遵守了教官所教的另一個落水前程序，那就是把腋下的救生背心充氣，這樣即使落水之後沈入海中，也會很快的浮出水面。

因為根本看不到海面，所以郜肇賡是在毫無準備的狀況下就墜入海中。他只覺得一瞬間整個人就沒入海裡，嗆了一口好鹹的海水之後，救生背心就將他抬出海面。

郜肇賡浮出海面，發現整個降落傘就罩在他的頭上。在這之前他聽過太多飛行員落海後因為傘衣罩頭，而不幸溺斃的慘劇，因此他發現降落傘就罩在他頭頂上時，著實慌了一下。然後他又記起水上求生訓練的教官教過他們如何脫離這個困境：先將傘衣的扣環拉開，讓自己與傘分離，然後抓住降落傘的白色部分（降落傘的傘衣是橘紅色與白色相間），向自己的身後拉，這樣很快就會將整張降落傘拉到自己的身後，從而脫離險境。絕對不要兩個顏色混著拉，因為那樣很可能就在降落傘下繞圈子，無法脫離傘衣，最後導致傘繩纏身而無法脫身。

郈肇賡照著記憶中教官所說的竅門，很快的就由降落傘下脫身。脫離傘衣的糾纏，下一步就是要找到他的救生艇。救生艇是由一條帶子扣在他身上，應該在他的降落傘打開之後就自動充氣，可是他不管往哪個方向找，海面上就是沒有救生艇的蹤跡。

他只好伸手去抓那條扣住救生艇的帶子，想將救生艇拉回身邊。可是那條帶子就像是繫著一個錨似的，不斷將他往水下拉扯。而他的左手受了傷，只能用右手一點一點將那條帶子往回拉。好不容易終於把繫在帶子另一頭的救生艇包拉到身邊，一看才發現原來救生艇沒有充氣。他又掙扎著想把充氣用的二氧化碳瓶的開關打開，沒想到打開開關之後，救生艇還是沒有任何動靜。

這艘沒充氣的救生艇不但不能提供求生的效能，反而因為救生艇本身有重量，拖著郈肇賡直往海底沉去。郈肇賡只得將身上一個快速接頭解開，讓那個累贅一般的救生艇包沈下去。很不幸的是，隨著那個救生艇包一同沈入海底的，還有他一切的救生裝備。

黑暗大海待黎明

解掉累贅的救生艇包之後，郜肇賡靠著救生背心浮在海上，稍微喘了口氣。他看著天空的月亮，想著月光雖然明亮，但也比不上陰天白日的陽光。在白天，救援的飛機或船艦都很難找到落海的人，如今他身處於沒有任何求生裝備的夜裡，被找到的機會就更加渺茫。

郜肇賡心裡雖然有點失望，但他卻沒有灰心，他要趁著自己還有知覺的時候，替自己找一條回家的生路！

他環顧四周，發現在自己的北邊（他藉著北斗星的位置來判斷方位）有一群燈火。那應該就是他在降落傘下所看到的漁船，於是他決定往那個方向游去。

在郜肇賡往北邊游去的時候，天邊傳來了一陣直升機的聲音。他抬頭往聲音的來源望去，看見了一架美軍的直升機在他的東邊盤旋。他之所以認出那架直升機是美軍的，是因為直升機的機腹有一個很大的向下探照燈。遠遠看著強烈的探照燈照在海上，給了郜肇賡不少信心。他雖然失去了救生包，無法用無線電與搜救的飛機聯絡，但他相信搜救飛機一定已經收到了他身上 URT-33 緊急方位發報器所發出的訊號。

不久之後，空中又來了一架救護中隊的 HU-16 水上飛機。這次是在他稍北的位置盤旋，並扔下了照明彈，那個照明彈的亮度在郃肇賡看來實在不亞於白天的陽光，但是他知道即使在那麼亮的環境下，要找到他還真不是一件容易的事。一來他沒有黃色的救生艇，僅露著一個頭浮在水面，再就是他當天穿的是一件美軍草綠色的飛行衣，在灰綠色的大海裡實在不是很顯眼。

郃肇賡知道自己被天上的飛機發現的機會不大，所以他將所有的力量都用來對著那些漁船游去。不過左手的傷勢有點礙事，他只能利用雙腿踢水及右手划水，朝著那幾個光點緩緩前進。

天上的飛機也許找不到他，但那些一直在他四周盤旋的飛機卻使得郃肇賡感到安慰，讓他知道空軍沒有遺棄他，而且正盡了全力在找他。他也知道他在清泉崗的同僚們也一定整個晚上都在為他擔憂。

想到同僚，他就又想到了他的家人，他覺得他必須在空軍通知他家人之前，自己就趕快脫離險境，免得母親知道他落海失蹤，承受不了打擊。放眼望去，游到漁船那邊似乎是最快的脫險方式，於是他就定下心來，慢慢對著遠處的光點游去。

郃肇賡一面游泳，抽空看了一下手錶，那隻瑞士司馬錶不知是承受不了彈射的 G

力，或是落水之後防水功能不好，已經停住不動了。他抬頭看了看月亮的方位，判斷當時已超過午夜，自己落水該應該已經超過三小時了，對著那些海面的燈光也游了一陣子了。可是越接近漁火，郃肇賡越覺得那不是漁船，因為那些燈光與一般船隻上的航行燈不同，除了綠色的光之外，沒有其他任何燈光。他轉念又想，即使那些不是漁船，也一定是有人把那些燈火放置在那裡，所以他還是有相當的信心，只要能游到燈火處，就一定能獲救。

待在這裡就會獲救

郃肇賡好不容易游到他認為是漁船的燈火處，才發現原來是一些簡單的發光裝置，是漁夫把水石灰放在綠色瓶子裡，與一些其他物質產生化學變化後開始放光。當時沒有更先進的電力設備，漁夫就用那個簡陋的裝置來標示定置網的位置。既然這裡是漁夫所放的魚網指示燈，漁夫一定會回來此處收網，所以他決定就留在該處不再移動。這樣即使洋流將他帶到別的地方，只要他跟著這些魚網在一起，他就一定會獲救。

郃肇賡抓住那些魚網，不再游動之後，就開始感覺到海水刺骨的寒冷。雖然此時已是夏季，海峽的水溫大約在攝氏二十度左右，不過還是跟一般人的正常體溫相差不少。他不知道自己在海裡泡了多久，他只知道當他抓到魚網的時候，已經累到幾乎要虛脫了。現在再加上那股冰冷的感覺，更覺得連抓住魚網的力量都快沒有了。於是他將胸前救生背心的帶子鬆開，然後將它拉長放寬，用帶子將自己與魚網綁在一起，這樣他就不必再費力去抓住魚網了。

天亮了，在附近搜救的飛機就更多了，卻沒有一架飛機經過他的頭頂，期盼中的漁船也沒有出現。他孤單單的在無邊無際的大海中，看著幾架在天上盤旋的飛機，心中卻想著這所發生的一切，似乎是冥冥中的刻意安排：他在錯誤的出發順序中出發，在正常返場過程中被要求多飛一個航線，然後就在這多飛的航線中飛機發動機熄火。安全跳傘之後，救生艇卻因故障而沒有充氣張開，解掉救生艇後又造成所有救生裝備一併流失。費盡全身所有的力量游到想像中的漁船，卻發現那只是漁區裡的定置網。

這一連串的厄運，是不是會一步步將他帶往死亡之路呢？他似乎可以預見報紙上的標題：漁船收網，驚見飛行員屍體纏繞……

太陽已經高掛，海面氣溫也回升，全身都泡在海水裡、只有頭部露出水面的邰肇賡卻感覺到另一股寒意衝進他的體內。他發現他的肛門已經鬆開，而且他竟然沒有辦法可以將它收緊，寒冷的海水直接進入他的直腸內。他突然瞭解，這就是所謂的「脫肛」，也讓他意識到為什麼人在即將大去之前，會有脫肛的現象。

漁船看到他了

就在郃肇賡感覺萬念俱灰的時候，他突然聽到一陣「嘟……嘟……」的聲音。他睜開眼睛一看，只見一艘漁船正在他附近通過。他趕緊舉起左手對著漁船猛揮，同時扯大了嗓門呼喊，但是那艘船像是根本沒看見他似的，還是保持著航向直線前進，並沒有轉過來的意思。郃肇賡因為腿部沒有著力點，用左手揮了一陣子之後就覺得腰酸，於是他放下左手，換成右手來揮。

他沒有想到，就是這換手的動作，引起了「大順滿」船長的注意。船長後來告訴郃肇賡，其實他原先就看到了招手的郃肇賡，只是因為距離還遠，他以為是一條大魚被魚網纏住，正在掙扎，所以就沒有理會。等到他第二次再看的時候，正好看到郃肇賡換手，他才知道那是一個受困的人。於是他立刻調轉船頭，對著郃肇賡開去。

看著對著他開過來的漁船，郃肇賡興奮地忘記了所有的不適，他喊叫的聲音更大了。不過，郃肇賡很快就起了戒心，因為他印象中台灣的漁船都是白色或藍色的，然而對著他來的卻是一艘粉紅色的漁船，而且船尾沒有掛任何國旗。

難道是對岸中共的漁船？不過郃肇賡已經在海水裡泡了那麼久，再怎麼擔心也不會拒絕那艘漁船對他施救。只是為了保密，他在漁船靠過來之前，悄悄的將飛行衣上的隊徽、名牌及階級都扯了下來，丟進大海。

一面扯一面扔，他一面覺得還好自己穿的是美軍的飛行衣，那些徽章、名牌等都是用魔鬼氈貼在飛行衣上的。如果穿的是聯勤所發的橘紅色飛行衣，那麼名牌、隊徽等配件都是用縫紉機縫上去的，就沒輒了。

郃肇賡被拉上漁船後，因為不知道船隻到底是哪一邊的，所以他也不願意先開口說話。船上的幾位漁民看著他那身打扮，也不知道他是何方神聖，因此也沒說話。雙方一陣沈默，直到一位漁民拿出一包黃色包裝的香煙時，郃肇賡看見那是長壽牌的香煙，這下才確定自己上了一艘台灣的漁船。於是他立刻用臺語向船員要了一支香煙，並表明自己的身分。

船員們知道是怎麼一回事後，告訴郃肇賡他們是澎湖西嶼鄉的漁民。前一天晚上他們就見到一大堆飛機在附近又是丟照明彈，又是用探照燈照射海面，他們以為是演習，所以全部的漁船都離開了那個漁區。天亮後他們才再駛回來，等看到邰肇賡時，已經是中午十二點過後了。

邰肇賡聽了這番話，不免嘆息命運弄人，原來他前一天晚上原本有獲救的機會，而這個差誤，竟讓他在海裡泡了十五個多鐘頭！

當年的漁船上設備簡陋，僅有一個收聽漁業電台的收音機，並沒有發報的無線電裝備，所以漁船無法與岸上有關單位聯絡，通知他們已在海上救到了落海的飛行員。不過，「大順滿」漁船的船長決定立刻返港，將邰肇賡送回岸上。

雖然說是立刻返港，但是以那艘老舊漁船的速度來說，要回到澎湖西嶼的漁港也需要十多個鐘頭。在回港的路上，邰肇賡知道了原來他跳傘落海的地方是屬於第二六四漁區，那一帶曾有鯊魚活動的記錄。終於，整個晚上都以為自己厄運不斷的邰肇賡，現在首度有了幸運的感覺。在那個區域待了一整晚上，卻沒被鯊魚攻擊，他其實沒有那麼倒楣！

飛行員不害怕，國民才不用擔心

在船上本來已經輕鬆放心的郃肇賡，沒有料到在回家的最後一里路，竟遇到意料之外的麻煩。「大順滿」靠港之後，海防部隊的衛兵發現船上多了一個來路不明的郃肇賡，立刻用槍對準他，要他交出證件。當年兩岸緊張對峙，海防部隊的軍紀極為嚴格，不管郃肇賡及船長怎麼解釋，衛兵都不肯放行，也不准郃肇賡去打電話。這實在讓他感到又急又惱，急的是眼看到了家門口卻無法登岸，惱的是他已經把所有可以證明自己身份的東西，都丟進大海裡了。

最後在郃肇賡的建議之下，衛兵終於讓船長去打電話給海防部隊的長官，而衛兵則拿著槍看管郃肇賡，不讓他有任何逃跑的機會……

海防部隊有位上尉連長聽了船長的報告，於是跑到碼頭將郃肇賡接了出來，並通知空軍在澎湖拱北山的雷達站，請他們快去接人。當時的雷達站主任是日後當過民航局局長的孫兆良上校，他接到消息，立刻開車前往西嶼的漁港。沒想到西嶼這地方雖然不大，漁港竟有幾十個，孫兆良一個一個漁港去打聽，最後找到郃肇賡上岸的那個漁港時，已是清晨三點多鐘了。

郃肇賡跟著孫兆良回到雷達站，孫兆良就用軍用電話直接打到清泉崗基地的警戒室。那天在警戒室接到電話的是葛光越上尉，他剛聽到這則消息時，還以為是有人在開玩笑，因為那時已是邰肇賡落海二十四小時之後了，能在海裡泡那麼久之後獲救，實在是令人不敢相信的奇蹟。孫兆良在電話裡再三說明邰肇賡真的已經獲救，葛光越才大聲的對正在警戒的幾位飛行員宣布這個振奮人心的好消息！

天亮之後，空軍總司令部派出一架C-47專機到澎湖去將邰肇賡接回台北。專機平穩地起飛，邰肇賡真是百感交集，沒有想到在那麼短的時間之內，他竟能再度回

邰肇賡墜海獲救後，又回到戰鬥任務上。

到熟悉的藍天。飛機飛越台灣海峽上空時，郜肇賡由機窗外看，看到底下的浩瀚大海，想著僅僅是二十餘小時之前，他還在那片大海中與死神搏鬥，真是恍如隔世。

郜肇賡上尉後來在台北空軍醫院將骨折的左手治療好之後，又回到清泉崗基地，重新開始執行捍衛領空的任務。筆者訪問他時問道，他經過了如此接近死亡的時刻，再次跨上戰鬥機會不會有懼怕的感覺。他說了一句讓筆者一直記得的話：如果一個軍人在戰時上戰場會害怕，那麼全國百姓在平時就會有危險！

是的！我們平時沒有危險，是因為有那一群不怕死的軍人在保護我們！

第10章

裴浙昆上尉

來之不易，當心使用

民國六十三年十月二十日，星期日，裴浙昆上尉一大早起來之後，就像平常一樣套上橘紅色的飛行衣，走出了飛行員宿舍。

對那個時代的軍人來說，不管是星期六或是週末假日，並沒有太大的意義。因為軍人的天職是保衛國家，敵人隨時都有進犯的可能，所以身為軍人就必須隨時待命。星期六、星期一或星期三，對他們來說是沒有什麼分別的。

裴浙昆吃完早餐，走進七中隊的作戰室，看見牆上那面任務派遣單上，密密麻麻寫著一大堆任務及每個任務的執行人選。他不用看就知道自己該執行的任務，因為前一天作戰官就已經告訴他，他將與三位隊友執行一趟平靶射擊訓練。

一年多之前，他才剛完成 F-104G 戰鬥機的戰備，開始正式執行作戰任務。每當他駕著雙倍音速的星式戰鬥機翱翔在台灣海峽上空，心中都充滿了豪情，堅信他絕對可以阻擋任何來犯的敵人。

然而，就算他已有信心可以擊敗來犯的敵人，不過在部隊裡針對他這樣還算資淺的飛行員，依舊有一套嚴格的訓練程序，目的是把他們的技術拉升到與他們信心相同的水平，這樣他們在戰場上才能真正處於不敗之地。所以，上級規定他們尉級軍官每個月最少都要飛滿二十個鐘頭。

當天任務領隊是孫國安少校，三號機是徐光大上尉，四號機是邰肇賡上尉。裴浙昆上尉本身則擔任二號機——整個編隊中最資淺人員的位置。

即將進行平靶射擊訓練

孫國安少校在任務提示時，將當天平靶射擊任務區分成幾個不同的程序，向三位隊員說明。這些程序是：

1. 負責拖靶的 T-33 教練機先行起飛。
2. T-33 低空飛回機場，在機場上空把平靶鉤起來以後，接著飛向海峽上空的空靶訓練空域。
3. T-33 鉤起平靶後十分鐘，四架 F-104G 分成兩組編隊起飛。
4. F-104G 以戰鬥隊形，三百五十浬的空速，尾隨著 T-33 飛往空靶空域。
5. 一、二號機飛在 T-33 後方約三浬處，三、四號則在一、二號後方三浬。
6. 進入空靶空域前，F-104G 在 T-33 尾部以∞軌跡飛行。

7. 進入空靶空域後，F-104G 編隊依序由 T-33 右後上方以三百浬空速進入，對平靶進行射擊。

8. 每一架 F-104G 射擊完畢後，由 T-33 左邊向前脫離。

9. 射擊完畢的 F-104G 超越 T-33 後，向後上方迴轉，飛到三、四號後方，預備第二次射擊。

10. 重複 6 至 9 步驟，直到長機叫停。

11. T-33 單獨返場投靶，F-104G 四機集合返場。

孫國安少校仔細解說完每個步驟，又提醒每位隊員絕對要注意安全，尤其在射擊的時候，要格外注意自己進入的角度，千萬不要誤射那架拖靶的 T-33。

這不是裴浙昆第一次執行平靶射擊訓練課目，所以他很清楚有哪些該注意的要點。不過，他實在不喜歡這種課目。他覺得作戰時就必須將武器的優點用到極致，才能獲得最後勝利。F-104G 這種飛機的優點就是它的速度，因此在作戰時應使用它的高速來取勝。

但在平靶射擊這個科目中，僅讓 F-104G 以三百浬的空速去攻擊空中的目標，這樣不但沒有把飛機的性能發揮出來，更是讓自己的飛機暴露在一個相當危險的境地：假設那個平靶是一架慢速的飛機，那麼F-104G以三百浬的空速去攻擊那架飛機，並與那架飛機進入纏鬥的話，則F-104G是絕對佔不到便宜的。

儘管裴浙昆不認為這是個有意義的任務，但是，這畢竟是上級指定的訓練科目，他除了遵命執行之外，實在沒有多話的餘地。在軍中想去探求「為什麼」是完全沒有意義的事。所以即使他不喜歡，也只能將它當成普通的飛行任務，盡量去享受其中飛行的樂趣，而將射擊那部分當成一個必須交差了事的任務。

登上一架受過傷的飛機

任務提示的最後是飛機的分配。裴浙昆由孫國安少校的口中得知自己被分配到的飛機是4355號機。一聽到這個機號，裴浙昆立刻想起這架飛機的「輝煌」歷史。原來該機在民國五十七年七月二十二日，由蔡冠倫上尉駕駛執行任務時，在起飛滾行的過程中就出現發動機故障，於是蔡冠倫決定放棄起飛。但當時飛機速度已經太大，無法在跑道上安全停下來，結果飛機衝出跑道，撞入了跑道外的地瓜田。巨大的衝擊力把鼻輪、兩個主輪全部撞斷，同時也造成機頭、機腹、大樑、發動機、電力及液壓系統等部位都出現嚴重損傷。

美軍顧問檢視那架飛機受損的狀況後，建議將該機報廢。不過國軍的空軍高層卻有不同意見。長官們都瞭解美軍的評估原則：修復該機的費用超過飛機本身的價值，因此美軍顧問才建議報廢算了。可是在當時的情況下，我方要獲得一架 F-104G，其困難度之高，絕對不是「修復該機所需花費的數額」可以比較的。加上我方人力費用比美方低很多，而技術部分也不輸美軍，在這種情況下將那架戰鬥機修復，就變成很合理的選項。

空軍將該機交給屏東的第一供應區部（一區部），請他們將那架飛機修復。而一指部也不負眾望，在民國六十一年一月間把飛機修妥，再經過王璪、齊正文兩位教官多次試飛，證明該機的性能已達原廠標準。因此該機在當年三月重新回到三聯隊，開始執行任務。

從 4355 回到三聯隊的機隊陣容起，轉眼已經兩年多了，裴浙昆也曾飛過那架飛機幾次。它的表現就與其它飛機一樣，並沒有任何特殊的狀況，所以裴浙昆那天是以平常心面對那架飛機的。

警告燈異常亮起

上午九點多，第一批飛行的飛機已經返場落地，排在第二批飛行的孫國安少校及他的三位隊員正要開始著裝之際，在第一批飛行時操作 4355 飛機的飛行員傅忠毅上尉將裴浙昆叫到旁邊。傅忠毅說，4355 機在第一批飛行時有些狀況，飛行中「滑油油面低警告燈」亮起過幾次，可是落地之後維修人員檢查滑油油量，卻發現油量在正常範圍內，所以該是警告燈的問題，而不是滑油系統的狀況。傅忠毅已經把這個狀況記錄在 781A 表（飛機故障及維護記錄）上。不過他知道下一批任務是由裴浙昆飛那架飛機，所以他先將這個問題告訴裴浙昆，讓他心裡有個準備，若見到那個燈再度亮起，不要緊張。

既然只是警告燈故障，而不是滑油系統本身的問題，裴浙昆就沒太在意這件事。畢竟一架飛機是如此複雜的系統，總是會有一些小毛病的。

起飛前，裴浙昆在對飛機進行三百六十度檢查時，也請機工長再度檢查滑油油量。機工長檢查之後說，滑油油量仍然在正常的範圍內。這下裴浙昆完全放心了，他相信傅忠毅所說的，只不過是警告燈的問題。而且他也相信當天飛行回來後，維修人員能在短時間就把警告燈的故障排除。

孫國安這批四個人看著拖靶的 T-33 順利起飛，於是登上各自的座機，並在地勤人員協助下將發動機啟動。裴浙昆坐在座艙裡，眼睛一直緊盯著那架剛起飛的 T-33，看著它迴轉過來，對著地面豎立的兩根高達十五呎（約四點五公尺）、間隔一百呎以上（超過三十公尺）的柱子衝過來。兩根柱子彷彿是足球的球門似的，而平靶的靶布是用一百呎的繩子掛在兩根柱子之間，T-33 通過那兩根柱子之間的時候，機腹下掛著的一個鉤子會把靶布的繩子勾起來。

這個差事很不容易，如果高度控制得不好，就會錯過靶布，那就只好重新飛一個航線，一切從頭再來。而 F-104G 就得在地面等待更久，才能起飛。不過，那架 T-33 在第一次通過時就將平靶拖起。漂亮！

T-33 拖起了靶標，昂首爬高，身形漸漸遠去。這時孫國安少校就帶著他的三架僚機，開始滑向跑道。

此時季節已經進入秋季，但是太陽仍然將炙烈的陽光灑在清泉崗空曠的基地範圍內。飛機凸型的座艙罩就像放大鏡似的，把陽光聚焦在座艙裡，座艙內的溫度已經升高到令人非常不舒服的程度。四架 F-104G 滑進跑道停妥，接著就是一段等待起飛的時間。

裴浙昆在座艙內已經把空調調到最大了，但是過高的溫度及濕度使他額頭上的汗珠聚成一串串的汗流，由額頭上不斷往下滴。他伸手將遮陽鏡推上來，順手擦了擦汗，又看了看手錶。任務提示說明他們將在 T-33 起飛後十分鐘才起飛，此刻才剛過六分鐘。他歎了口氣，唉，這幾分鐘應該是這次任務最難熬的一段時間吧。

突然，裴浙昆發現長機向他打了個手勢，他立刻知道長機大概也受不了座艙內的高溫，預備提早起飛了。於是他馬上將煞車踏緊，油門推到後燃器階段，J-79 引擎特有的狼嚎聲隨即由機尾處傳出。就在這時長機開始往前衝，於是他也鬆開煞車，讓飛機展開起飛的滾行。

飛機很快就獲得起飛速度，裴浙昆與長機同步帶起機頭，緊緊跟著長機飛進蔚藍的天空。空靶訓練空域是在清泉崗機場的西南方，所以起飛後不久長機就向左轉，飛抵台中港上空時再向左轉向二百一十度。裴浙昆一路以戰鬥隊形飛在長機右後方，而那架拖靶的 T-33 已在前方遠遠的天際若隱若現。

T-33 的速度本來就不快，拖了靶的 T-33 更像嘴裡銜著樹枝的麻雀一樣無法加速。按照 F-104G 正常的巡航速度來說，很快就會趕上前面的 T-33。於是孫國安帶著僚機開始做 8 型動作，讓這四架 F-104G 保持在 T-33 後面一定的距離。

發動機巨響，飛機劇烈抖動

四架 F-104G 飛到鹿港上空時，裴浙昆突然聽到發動機發出一連串巨響，飛機隨即劇烈抖動。他立刻將視線掃向儀錶板，發現飛機尾管溫度正在快速升高，他知道發動機故障了。於是他將油門收到慢俥位置，按下通話按鈕向長機孫國安報告飛機發生狀況，同時也將駕駛桿向左壓，讓飛機左轉對著左後方的基地飛去。他知道他必須趁現在距離基地還不太遠的時候，儘快將飛機飛回基地落地，免得等會兒故障狀況演變成更難處理的情形。

那時飛機的高度在七千呎，距基地二十五浬，裴浙昆心中盤算著，如果沒有其他意外的話，他的飛機該可以支撐到基地。

長機孫國安少校聽到裴浙昆報告飛機故障之後，馬上宣布任務取消，同時率隊調轉機頭，伴隨裴浙昆返場。三號機徐光大上尉那時看著裴浙昆的飛機緊急左轉，又聽到長機取消任務的命令，於是他也壓下左翼，緊跟著裴浙昆的飛機轉向機場，四號機郜肇賡也緊跟著轉了過去。

裴浙昆調轉機頭後，也許是因為油門收到慢俥位置，發動機不正常的巨響已消失，飛機也不再抖動，但是飛機也因為動力消失而喪失了許多高度。為了保持飛機的高度及速度，裴浙昆將油門慢慢推到百分之九十。就在發動機開始加速之際，起飛前傅忠毅告訴他的那個「滑油油面低警告燈」，竟然亮了起來！

又是那個警告燈！

雖然傅忠毅曾告訴他，燈亮只代表警告燈有問題，而非滑油系統的狀況，但是傅忠毅在前一批任務中駕駛這架飛機的時候，並沒有遇到發動機發出不正常巨響、飛機抖動等狀況。而既然現在出現了這兩種狀況，裴浙昆再看到那個警告燈亮起，心中真是有些忐忑。他不確定到底是該忽略那個警告燈，還是要按照「滑油系統故障」的緊急程序來處理。但是，有一點他很清楚，那就是他必須竭盡所能將這架飛機帶回機場！中華民國是一個要向外國買飛機的國家，絕對不能隨便將一架飛機摔掉。

裴浙昆很快就決定要依照技令上的緊急程序來處理眼前的狀況，於是伸手把發動機緊急噴口手柄拉出，使得機尾的發動機尾管噴口縮小。這樣做的原因是，發動機的馬力是根據發動機尾管噴口的收放程度而決定，若將噴口收小，就很像我們把水管的出口擠住，水就會噴得遠一點。而發動機尾管噴口的操控系統，則是靠滑油來控制，如果滑油量減少，會導致噴口全開，導致發動機的推力減小。為了避免這種情況發生，飛行員只要將發動機緊急噴口手柄拉出，噴口就會被機械的力量縮小到一個固定的位置，如此可讓發動機的噴氣產生一定的推力。

做完了這個緊急處置，沒多久裴浙昆就發現「滑油油面低警告燈」已經熄滅。這下可以鬆一口氣了，於是他又伸手將緊急噴口手柄推回去。飛機似乎恢復了正常。

「Two，穩住，我在你旁邊，目前狀況如何？」耳機中傳出三號機徐光大上尉的聲音。裴浙昆轉頭一看，三、四號機已飛在他的左側，這樣讓他心中踏實了不少。雖然沒看見長機，但由耳機中傳來的對話聲中，他知道孫國安少校仍在他的後方向他趕來。

裴浙昆把飛機的情況簡潔地報告出來。這時距離機場還有十八浬，不過高度已經掉到六千呎以下。他覺得如果發動機能保持當前的狀況，那麼還是有機會可以安全的返場落地。

好景不常，他才剛把飛機的狀況報出，飛機就又出現抖動。他趕緊將油門又收到慢俥位置，飛機很明顯的慢了下來，高度錶的指針也立刻回轉了許多，代表他一直在喪失高度，而他的心也隨之下沉。

突然間他想到了跳傘。他低頭看了看那個在他兩腿之間的黃黑兩色D型跳傘環，他只要將那D型環一拉，座椅後的火箭就會啟動，以超過9個G的力量將他由飛機中射出，然後那個零秒掛勾會將降落傘開啟，他就可以很安全的落在地面。

下一秒，那個漆在座艙旁邊的標語「本飛機價值美金四百五十萬元，來之不易……」的影像不知何時由腦中浮現。他搖了搖頭。必須將這架飛機帶回去！

飛機的高度雖然還有五千呎，不過清泉崗基地的標高為六百六十呎，所以裴浙昆實際可用的高度僅有四千三百餘呎，而那時飛機距機場尚有十五浬。他心裡清楚得很，在這個高度，如果發動機沒有動力的話，神仙也無法讓那架飛機安返基地。發動機必須要有動力，他才能進得了場！

油門收回後不久，飛機也停止了抖動。於是裴浙昆再度慢慢將油門推到百分之九十，高度錶的指針穩了下來，他也覺得似乎有一股力量推了飛機一把。飛機雖然是以時速兩百浬的速度在前進，他卻覺得還是太慢了，機場仍在十三浬之外。

正前方出現了清泉崗基地的模糊影像。就在同時，先前那個「滑油油面低警告燈」卻又亮起了。

裴浙昆趕緊再將油門收回，同時將發動機緊急噴口手柄再度拉出。飛機又像前一次一樣的快速損失高度及速度。

要不要跳傘？

長機孫國安少校這時已飛到裴浙昆的右側。他一路聽著裴浙昆報出飛機的狀態，現在又看著裴浙昆的高度已經降得那麼低了，他知道裴浙昆已經無法安全進場，於是下令裴浙昆立刻跳傘。既然知道飛機已無法挽救，這時需要的是果斷的決定，讓飛行員跳傘求生。

在一次平靶射擊訓練中，裴浙昆因為 F-104 戰機故障而跳傘。

坐在故障飛機裡的裴浙昆聽見命令的同時，卻發現那個警告燈又已熄滅，飛機也再度停止抖動，因此他心中又燃起一線希望。他第三次將油門推上，同時將發動機緊急噴口手柄推上，飛機恢復了一些動力，掙扎著減輕了一些下降率。

高度只剩下不到三千呎，距基地還有十浬！

完訓才一年，尚屬資淺的裴浙昆坐在座艙裡，在處理如此重大的故障事件過程中，或許是有些慌亂，但他仍然按照記憶中的標準程序來操作，他也不斷將飛機的狀況及他操作的程序報出。所有在無線電中聽到的人，都不自覺替他捏了把冷汗，卻沒有任何人有能力提供解除故障的要領，只有長機下令要他跳傘，而那又是他最不願去做的事。

飛在裴浙昆左後上方的四號機郤肇賡上尉，和裴浙昆在空軍官校是同學，他在座艙中看著裴浙昆那架飛機投在地面上的影子，幾乎快要與飛機本身一樣大了。他知道再耗下去，飛機馬上就會撞地，於是他按下通話按鈕：「同學，快跳吧，飛機馬上要撞地了！」

裴浙昆耳機裡剛傳來郤肇賡的聲音，飛機就又出現了那種劇烈的震動，而那個警告燈也再度亮起。這時機場仍在他前面四浬，他知道，這下是絕對無法安全進場了！人機無法兩全，他必須立刻做出一個理性的決定。

裴浙昆日後檢查飛機的時候非常仔細，每架飛機至少可找到十三條以上的缺失，因此獲得「裴 13」的綽號。

裴浙昆放掉本來抓住油門及駕駛桿的雙手，然後抓住兩腿之間的D型跳傘環，用力一拉，一陣震耳欲聾的爆炸聲隨之響起。座椅以高G射出飛機的那一剎那，裴浙昆昏迷了一下，等他眼睛再度睜開，他已掛在降落傘下，在樹梢的高度向地面落去。

還沒預備好落地姿勢，裴浙昆就一個踉蹌摔在田埂旁邊。他脫掉頭盔，看到那架4355號飛機就摔在他前面不遠的地方，起火的濃煙讓他看不清楚飛機是否撞到任何民宅。他脫掉傘衣，慢慢往墜機處走去，但隨即又停下了腳步，因為聽到一陣劈劈啪啪的爆炸聲，那是飛機內的機炮砲彈在高溫下引燃爆炸了。

墜機處就在基地附近，軍車及救護車也很快就趕到。醫護人員立刻將他送上救護車，帶離墜機現場。

救護車呼嘯著離開，裴浙昆由救護車的小窗看著那升起半天高的濃煙，心中有著太多的遺憾！

事後得知，飛機墜地時不幸波及民宅，並造成人員傷亡的事件。這讓本來就對於失去座機感到痛心的他，更加悲痛！

飛機失事檢討會上，播放了裴浙昆一路上報出飛機狀況的錄音帶，加上對於飛機殘骸的檢視，很快就出現了結論：導致這件失事案件的直接原因是機械故障，飛行員本身沒有操縱上的疏失。

該次失事之後，裴浙昆對於飛機上任何缺點，不論多麼輕微，都非常非常在意。因為看似枝微末節的小事，都有可能導致重大的失事。所以他在檢查飛機時，會非常仔細的將任何不符合標準的地方登記下來，交由維修部門改正。正因為他在781表上經常記下十三條以上的缺點，使他在軍中得到了「裴十三」的綽號。

他對這個綽號絲毫不以為意。因為他知道，多花一些時間在事前的維修，絕對勝過面對飛機殘骸的遺憾！

第11章

王澎生上尉

命運的門牌號碼寫著13

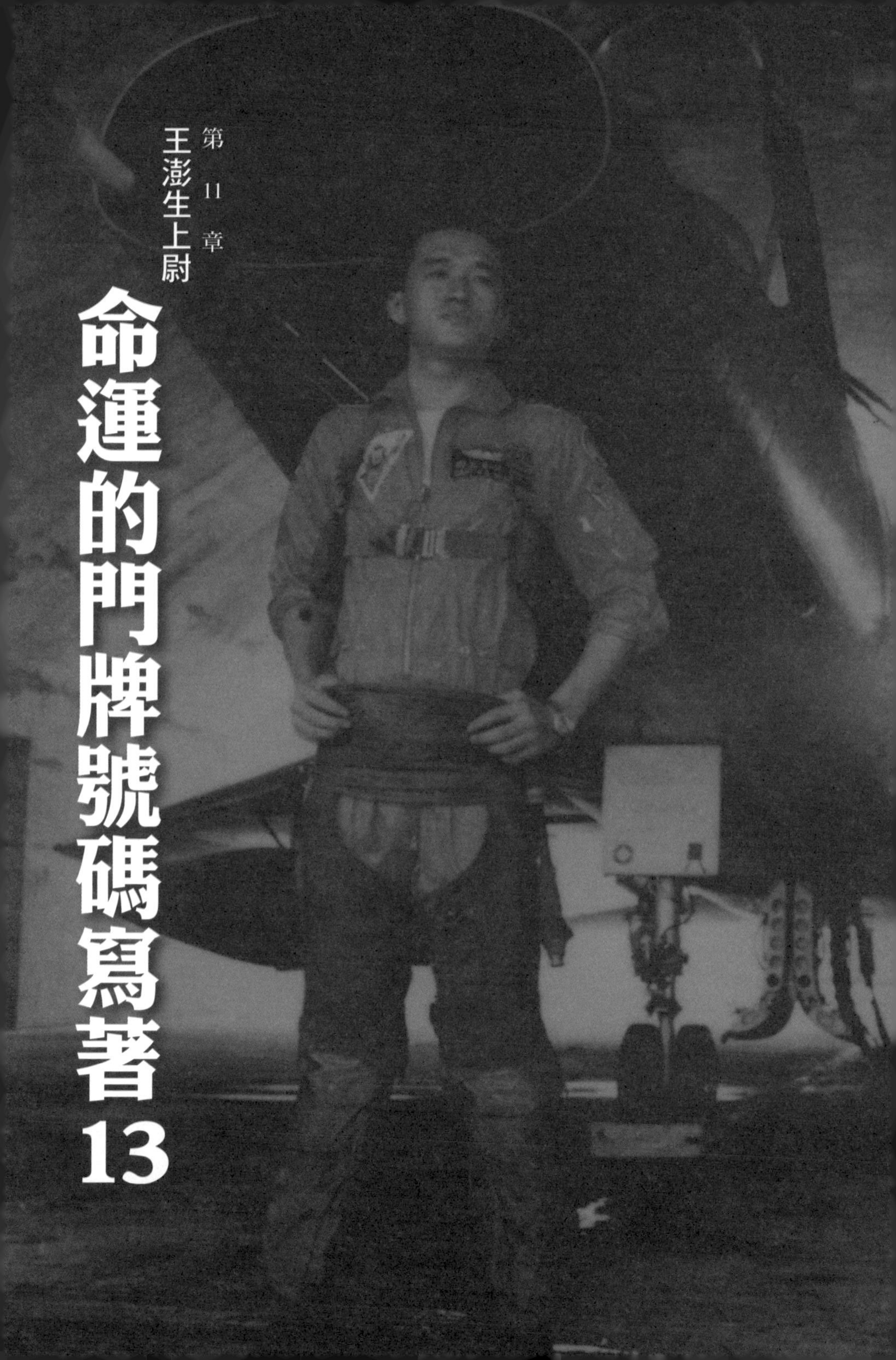

空權時代最重要的指標，就是如何藉由空中武力將敵軍殲滅。二次大戰時，美國陸軍航空隊的 B-29 型轟炸機對日本本土進行日夜連番轟炸，加上最後由 B-29 所執行的原子彈投擲，是導致日本在美軍地面部隊尚未登陸，就宣布無條件投降的主要原因。

因此，二次大戰期間 B-29 對日本的戰略轟炸，是空權武力最佳的顯示。

二次大戰後，空中武力進入噴射時代。在噴射發動機的強大推力下，四架 F-86 戰鬥機的載彈量竟等同於一架 B-29 的載彈量。因此在韓戰期間，許多轟炸任務事實上是由戰鬥機執行的。

不過，戰鬥機雖然可以攜帶炸彈，但是戰鬥機飛行員在執行空對地的作戰任務時，卻很難將攜帶的炸彈精準地投擲在目標上。這是在韓戰期間一直困擾著美國軍方的一件事。

從飛機內遙控飛彈

於是美國國防部將這個難題交給幾家對這方面有經驗的國防工業公司，希望他們能提出解決之道。

在眾多公司所提出的解決方案中，馬丁馬瑞塔（Martin Marietta）公司提出的「飛彈遙控方案」，得到了國防部官員的重視。基本的想法是，飛行員對著目標發射飛彈，然後藉由目視飛彈尾部產生的火焰來判斷飛彈的軌跡，再由座艙內的小型操縱搖桿來遙控飛彈，將飛彈導引至目標上。

美國國防部測試過這種飛彈之後，對結果相當滿意，覺得這種方式最符合美國軍方的要求。於是下了訂單，開始大量生產這種型號被訂為AGM-12的犢牛式（Bullpup Missile）空對地遙控飛彈。我國空軍則將它稱為「長矛飛彈」。

民國五十三年起，美國開始將這型飛彈以軍援方式提供我國空軍。當時美軍指定將這種飛彈配備在F-100A超級軍刀機上，因此空軍總司令部啟動了一個名叫「銀鞍計畫」的專案，負責把空軍所有的F-100A戰鬥機進行修改，以便發射及遙控該型飛彈。

在F-100加裝了AGM-12犢牛式空對地飛彈系統之後，飛行員也都必須熟悉該型飛彈的運用。因此所有F-100A飛行員都需要接受這型飛彈的模擬發射與導引訓練。①

學習如何遙控飛彈

民國六十八年二月十七日，新竹空軍基地的四十二中隊就安排了一個這樣的訓練任務。

那天天氣出奇的好，能見度七浬以上，二月份的新竹很難得能夠有這樣的好天氣，因此參與任務的四位飛行員都相當興奮。這四人分別是長機洪蓉保少校、二號機王澎生上尉、三號機蔡漢民上尉及四號機孫永典上尉。

作戰官進行任務提示時宣布，任務分成兩個階段。第一階段是由四架任務機在早上八點三十分由新竹起飛，先向樂山雷達站報到，繼而由馬公戰管引導至位在嘉義東石的水溪靶場進行小角度地靶訓練。

地靶訓練脫離之後，進入第二階段，由戰管引導返航，在距新竹基地西南方五十浬時，長機開始預備進行飛彈模擬測試。戰管此時將通知台北進場台：這一批任務機要在新竹機場上空一萬呎的高度進行模擬飛彈測試。也就是在這個時候，任務機必須把通訊

①因為飛彈價格昂貴，因此訓練時並不真正發射飛彈，僅是模擬操作，飛機在一萬呎高度通過機場上空，飛行員在地面人員的指揮下，操控飛機上的飛彈操縱搖桿，地面棚廠內的一具模擬飛彈訊號接收器會根據飛行員的遙控而有所反應。

頻道轉換成機場地面測試頻道。此後十分鐘的飛彈測試期間內，戰管及塔台僅能用G頻道（緊急頻道）與任務機聯絡。等到四架任務機依序都完成了模擬飛彈測試之後，再恢復正常通話頻道與塔台聯絡，並返場落地。

擔任二號機的王澎生上尉當時已有近八百小時的F-100飛行經驗，對於任務中的地靶射擊部分並不陌生，只是對於犢牛式飛彈的遙控模擬測試，倒是有些新奇的感覺。這趟任務實在是「傳統技術」與「新科技」的組合，在傳統投彈的地靶訓練中，他必須憑著自己的經驗及技術，在飛機俯衝時依彈道表及瞄準具的顯示將炸彈投下。炸彈離開飛機之後，他就失去了對炸彈的控制，能否命中目標，全在未定之天。

但接下來的飛彈測試中，犢牛式飛彈卻可以在飛彈離開飛機之後，繼續由飛行員在機內控制，直到撞擊目標為止。這真是空中武力的一大進步。

數字13：前一次的經驗

任務提示之後，王澎生發現他被分配到的飛機是0133號。看到這個機號，不禁讓他心頭一怔，因為就在一年之前的二月二日，他駕著另一架、編號0113的飛機，與死神擦身而過。雖然前一次的「0113」與這一次的「0133」是兩架不同的飛機，但機號中卻都有著那個象徵不吉利的數字「13」……

一年以前，王澎生與長機張燕輝上尉執行空中戰術纏鬥（ACM, Air Combat Maneuver）的演練，兩架飛機於早上十點半由新竹機場起飛之後，在戰管的引導下來到中央山脈上空的訓練空域，兩人就如武林高手華山論劍般的，在兩萬餘呎的高空中開始互相追逐。兩個飛行員手中握的不是稀世的寶劍，而是可以控制時速高達一點三倍音速的戰鬥機駕駛桿。在激烈的纏鬥中，兩人各自在座艙承受著好幾個G力的壓迫，不斷的喘息，但兩對鷹眼還是繼續在藍天中掃描著，企圖及早發現對方的蹤影，搶先飛到對方後方的六點鐘位置，取得致勝的機會。

兩人打得天昏地暗，不知不覺油量已低，該返航了。長機張燕輝用無線電通知王澎生集合，同時與戰管聯絡，要求引導返場。

戰管先要他們往二七〇度方向下降高度，王澎生飛在長機的右後方，雙眼盯著長機，隨著長機往下飛降。當時兩萬呎的天空是疏雲，高度越低雲量越密，根據氣象預報，在一萬兩千呎高度就變為密雲。

可是，等到他們的高度降到一萬四千呎時，王澎生抬頭往前一看，正前方一萬兩千呎高度赫然出現一座山，於是他立刻通知長機。張燕輝聽見他的警告後便拉起機頭，重新爬到兩萬呎，同時與戰管聯絡，再度要求引導返降。

這次戰管讓他們轉向三〇〇度下降高度。而此時雲量似乎更密了，他們兩架飛機在一萬四千呎時就已經進雲，看著長機在那密雲中若隱若現的影跡，王澎生心裡有一股不太踏實的感覺。他兩次請求長機將航行燈打開，但都沒有得到長機的回應。為了安全起見，王澎生將飛機拉到比長機高半個機身的位置。

這樣飛了不久，王澎生突然看到長機前方出現一群大樹的影子！他在驚嚇中猛然帶起機頭，同時立刻將油門推滿，就在飛機開始爬高的剎那，他從眼角看到張燕輝的飛機擦撞到地面。而他自己則緊張地摒住呼吸，也等待著那致命的撞擊來臨。

短短的幾秒鐘爬高，像是有一個世紀那般長，眼前綠色的山、綠色的樹似乎永遠沒有止境。等到好不容易出現了天空，王澎生確定他的飛機已經躲過了致命的撞擊劫數，並持續在爬升，這時他才有空去檢查儀錶。

不看則已，一看又是更大的驚嚇！他發現他的空速只剩兩百三十浬，而且還在繼續向下掉；仰角則高達六十度，航向還是維持在三〇〇度，但高度卻僅有兩千呎！

他下意識的想把油門推到後燃器階段，不過理智卻在這個時候回到他的腦中。他記

王澎生曾經兩度在 F-100 上經歷生命危險。

起在這種姿態下，飛機的進氣量有限，而把油門推到後燃器階段時，尾管的噴口會立刻張開；萬一後燃器無法順利點燃（這種事在F-100A並非罕見），那麼張開的噴口反而會讓現有的推力大量喪失，那將使他的情況更加危急。

不過，儀錶顯示他只有兩千呎的高度，因此他還是得儘快爬高，才能真正逃過撞山的厄運。眼前他的推力有限，而仰角又過大，使空速錶的指針無情的在向反時鐘方向轉著。王澎生知道如果他繼續保持六十度仰角的話，那麼不用等到撞山，他馬上就要因為失速而墜毀了。於是他很不情願的鬆了一點機頭，這下飛機的空速錶指針停在兩百二十浬，不再下降。

看著空速已經穩定，王澎生允許自己緊張的情緒稍微放鬆一點點。那時飛機仍然飛在簇簇的白雲中，他再看了一眼高度錶，卻發現高度已經到達一萬兩千呎。他實在不瞭解，飛機怎麼會在那麼短的時間裡，就從兩千呎衝到那麼高的一萬兩千呎。唯一合理的解釋就是剛才他在極度緊繃的情況下，將高度錶看錯了。

立即的危機暫時過去，他才注意到原本安靜的耳機中突然充滿雜亂的通話，那是各個不同的單位不斷開口、不斷詢問，呼叫著長機要知道他們的位置，要瞭解他們的狀況。王澎生已經不記得在那生死交關的當兒，他到底對著麥克風說了些什麼，但是很顯然的，地面似乎已經知道他的長機撞山了。而耳機中不斷傳出連珠砲般的無線電通話，更讓他不知該如何回答，他腦中一片空白，只有先穩定飛機姿態再說。

他記得剛剛在帶起機頭之前，最後看到長機時，長機正在地面擦撞著前進，他沒看到長機飛行員張燕輝跳傘，他也不認為張燕輝在那種情況下有時間跳傘，而他自己更不知道他當前的位置。戰術導航儀的指針指著三四〇度的方向，但經過剛才的巨大驚嚇之後，他已不敢相信那個儀錶的指示了。

就在他思索著自己可能的位置

王澎生險些撞山，但兩翼都受損。

時，飛機衝到了雲層之上，頭頂一片藍天，一片整潔的白雲在他翼下像是羊毛毯似的向四周展開。王澎生在座艙中環顧四周，沒有看到任何山頭，他緊張的心情終於放鬆。然而就在他環顧四周的同時，他發現飛機雙翼的翼尖都被削掉了三呎左右，應該是飛機撞到某種東西時被削掉的。離奇的是，他好像不記得剛剛飛機有撞上任何東西！

王澎生動了動操縱桿，蹬了蹬舵，發現飛機的操縱性能沒有受到太大影響，這使他放心不少。他試著與戰管聯絡，請求引導返航，但是無線電中有太多的雜音及通話，使他無法聽清楚任何資訊。而那時翼下的雲層好像開始變薄，隱隱約約可以看到海岸線。看得到地面的話，他覺得就有機會安全的回到基地了。

果然，不久之後他就在飛機的左前下方看到了新竹機場，這真讓他有歷劫歸來、喜極而泣的感覺。很快的，他就與新竹塔台取得聯絡，塔台告訴他地面的救護車輛都已在跑道頭等候，他可以優先落地。

落地後，大家看了飛機雙翼受損的狀態，又與戰管的資料相比對之後，終於瞭解事情的真相。原來是因為戰管的失誤，在飛機穿降時誤將他們帶往白狗大山一帶，在山區通信及導航設備的信號本來就不穩，而領隊張燕輝又未能利用本身的助航裝備，清楚的掌握自身的位置，而造成這次的意外事件。

王澎生在穿降時決定將飛機飛在比長機高半機的位置，是讓他能在這件意外中死裡逃生的的關鍵。但他那天的運氣並不只是做了那個決定而已，因為在他將飛機拉高的剎那，他其實是由兩棵大樹之間飛過，當時如果他的飛機向左、向右任何一邊多偏了一點，他都無法在撞樹之後安全的飛出來。

而長機張燕輝上尉的飛機在擦撞地面後解體，雖然沒有爆炸，但座椅下的彈射火箭卻在那時啟動，將他彈出機艙。張燕輝還曾利用求生包中的無線電與空中搜救的飛機聯絡，他說他雙眼已看不見東西，全身多處擦傷和骨折，感覺非常的冷，希望搜救人員能儘早趕到他的位置。

然而，白狗大山海拔三千三百多公尺，我國空軍的 HH-1H 直升機沒辦法在那個高度滯留，因此搜救隊伍僅能由地面前往。再則白狗大山屬於雪山山脈，處於百岳深處，根本沒有任何山徑可達，由副中隊長蔡盛雄中校率領的搜救隊伍必須一路披荊斬棘，用番刀砍出一條路徑，才能前進。

等到三天後，搜救隊伍終於抵達研判的失事現場附近時，張燕輝的無線電訊號已經越來越弱，後來終於失去所有的訊號，蔡盛雄中校在遍尋不獲的情況下，也只能懷著惆悵的心情踏上歸途。

五個月以後，張燕輝上尉同隊的隊友馬年輝上尉在夢中見到張燕輝。張燕輝告訴他，自己在山上的一個山凹處，身上只有一件飛行衣，非常的冷。馬年輝醒來後，趕快把這個夢告訴隊上的幾個人，而輔導長趙聚喬中校也決定利用休假日與馬年輝聯袂雇請原住民一起上山，再度前往尋找張燕輝的下落。

這次同行的原住民到達王澎生所說的失事地點附近時，見到有蒼蠅飛舞聚集，因此判斷附近必有腐屍，於是循著蒼蠅飛的方向尋找。果真在一個山凹處的叢叢樹枝下，看到了還裹著降落傘傘衣的張燕輝。只是那時飛行衣內已是一堆白骨。

這一次再度碰上數字13

王澎生想到這段往事，除了難過與惋惜，也想起當時很多人告訴他說「大難不死，必有後福。」一個房子是不會被雷打中兩次的，他此後的飛行生涯必定是一帆風順。當時他並沒有把這些放在心上，如今想起來，不免為剛才那個「0133 機號不吉利」的念頭閃過腦海而覺得可笑。身為科學軍種的一員，怎能如此迷信？

雖然知道不能迷信，但是那天在起飛前對飛機進行三百六十度檢查時，王澎生還是按照程序將飛機該檢查的部份，異常仔細地檢查了一遍，確定所有的部位都沒有問題，才登上飛機。這麼小心的起飛前檢查並不是對機號的迷信，而是非常科學的遵守標準程序。

早上八點三十分整，起飛的時刻來臨，四架飛機分成兩批起飛。王澎生的飛機剛離地，就聽見耳機中傳出四號機發生故障放棄起飛的消息。長機也很快決定就由剩下的三架飛機繼續執行任務。

第一階段在東石靶場的小角度地靶投彈訓練非常順利，三架飛機各自打了三個派司之後，長機呼叫各機集合，然後對著新竹基地返航，預備進行第二階段的模擬遙控飛彈測試。

為了配合戰機的模擬測試，在地面的人員會開啟一具精密的訊號接收器。這個訊號接收器與犢牛式飛彈裡的訊號接收器相同，只是真正的飛彈在收到遙控訊號後，會根據訊號來控制飛彈彈體上的幾個操縱面，使飛彈能隨著遙控訊號而變動飛行方向。

而模擬測試的訊號接收器上面則有四個排成菱形等距的橘黃色燈泡，每個燈泡上依照在菱形上的位置，標上「UP、DOWN、LEFT、RIGHT」的記號。測試時，儀器上的那幾個燈會隨著飛機上所傳來的訊號閃亮。

進行模擬遙控訓練時，地面人員與飛行員必須在一個特別的通訊頻道上，才不至於被其他的通訊干擾。當飛機在跑道上空一萬呎通過時，地面測試人員會發給飛行員「上、下、左、右」的指令，飛行員跟著這些指令在駕駛艙中操縱那根飛彈操縱搖桿，此時地面的訊號接收器上的四個燈泡就會隨著那些訊號而閃亮。地面人員再根據所發出的指令與燈泡的閃亮，來判斷飛機上的操控器是否運轉正常。

長機洪蓉保少校進入新竹跑道上空之前，已經通知僚機將通話頻道轉到測試頻道，然後以一萬呎的高度通過跑道。王澎生當時飛在長機的左後方，在耳機中聽著地面傳來的一連串「左……上……左……右……」指令，想著如果這是真實場景的話，那麼一枚飛彈此刻正在長機的遙控下飛向目標。這與剛才在東石靶場所做的朝地面扔炸彈，根本是不同層次的技術。科技已將戰爭帶到了另一個境界。

長機的模擬測試在通過跑道之後告一段落。這一批三架飛機在新竹基地東北十五浬處轉向二三〇度，準備由北向南再通過機場一次，這次將輪到二號機王澎生進行模擬測試。就在轉彎的過程中，長機發現附近正有三架民航機在航路上向松山機場下降（桃園機場當時尚未啟用），於是在無線電中提醒兩位僚機，「附近有民航機通過，加強對外顧慮。」

撞上民航機！

王澎生進入新竹機場跑道上空之前，聽到長機的叮嚀，隨即向四周看了一下，並沒有看見任何民航機的蹤影。而這個時候他的耳機中已傳出了地面給他的指令，於是他低頭開始操縱那個搖桿。彷彿在同時間，他從眼角看到長機突然猛然向右拉開，他抬頭正想看一下發生了什麼事時，卻發現一個巨大的垂直尾翅正對著他正面切過來。在那電光石火的剎那，他的第一個感覺根本不是要迴避——因為他知道根本沒有任何迴避的時間與空間，而是「哎呀！今天死定了！」

兩架飛機以驚人的高速相互接近，但是看在王澎生的眼裡，卻像慢動作的電影似的，他眼睜睜看著那綠色的垂直尾翅及水平安定面對著自己衝過來，近到都可以清楚看見水平安定面上一顆一顆的鉚釘，好像就在眼前似的……

一陣撞擊力道，王澎生昏了過去，腦中一片空白。黑暗中他感覺到飛機正在向右翻滾，在這個瞬間他恢復了意識，第一個想法是「驚訝」：我還活著！不但活著，而且腦筋非常清楚瞭解當下的狀況：若飛機正向右翻轉，那一定是右翼被撞斷或受重創。這樣的話，飛機不可能繼續飛行了，他必須立刻跳傘，而且必須在飛機翻滾至倒飛之前就跳離飛機！

於是他按著記憶中的跳傘步驟，將腿收回，雙手拉起座椅旁的彈射手柄，扣下扳機。連續做完這幾個動作之後，頭頂上的座艙罩隨即飛脫，一陣強風吹到臉上，他就在座椅彈射出座艙時的巨大G力下，又失去了知覺。

彈出座艙之後，王澎生隨著座椅在空中轉了幾圈，隨即被人椅分離的設備甩離了座椅。至於揹在背上的降落傘也立即開啟，當時的高度已在一萬呎以下，王澎生本來是如自由落體般往下墜，被張開的降落傘猛然一拉，立刻醒了過來，看見頭頂上那朵白蓮似的降落傘，知道自己已經由撞毀的飛機安全逃生了。

他轉頭四下尋找那架與他相撞的飛機，但眼目所及之處，看不見任何飛機墜毀的跡象，就連他自己的那架飛機都似乎在空氣中消失了一般，沒有任何蹤跡。

不過，空氣中瀰漫著一股濃濃的燃油味，身旁飛舞著一些紙片隨著他飄落。周遭的這一切似乎在提醒著他，晴空中剛發生的那場撞機慘劇。他知道他剛與一架民航機相撞了，想到那架飛機上幾百位無辜的旅客，一定已經隨著飛機墜毀在他看不見的某處，於是心底立刻浮起一股深沈的罪惡感，他不知道自己日後能不能背負著這樣的歉疚度過餘生。

耳邊出現了一陣雷鳴的響聲，一架 F-100A 在王澎生的身邊衝過，由那架飛機的機號來看，他知道那是三號機蔡漢民上尉的飛機，他對著那架飛機揮了揮手，表示自己一切安好。同時，王澎生又看見一架救護隊的 HU-16、綽號「水鴨子」的水陸兩用機，也對著他飛了過來。他沒有想到救護隊的效率竟然這麼高，自己降落傘還沒落地，第一批的救護機就已經飛抵現場。

事後才知道，那架水鴨子原本正要在新竹機場落地，被戰管臨時通知轉用，派遣到飛機失事地點附

與王澎生相撞的環地中海航空公司 707 貨機幸運飛抵松山機場，停在中華航空公司的廠棚前，無人傷亡。圖／ Nader Oweini

近去勘查狀況，所以才會那麼快的抵達現場。

隨著降落傘冉冉下降的王澎生開始檢視自己的身體狀況。他將飛行盔上的護目鏡拉上，發現護目鏡在彈射的時候不知被什麼東西撞裂，破裂的護目鏡將他的左面頰割傷。接著解開氧氣面罩，感覺到下巴也受了點傷，但都是皮肉傷，沒有什麼大礙。

就在他慶幸自己沒有受到太大傷害的時候，又想起了那架民航機上的旅客，他覺得他的心似乎掉進了一個無底的深洞，心中有股無助的傷痛是他此生從未經歷過的，他

與王澎生相撞的環地中海航空公司 707 貨機幸運飛抵松山機場，但機尾受損嚴重。圖／Nader Oweini

真是寧可自己隨著那架 F-100 墜地，也不願活著去面對慘痛的事實。

降落傘越接近地面，王澎生越覺得其實降落傘下降的速度怎麼這麼快，地面一大片水田好像是高速向他撲來似的，慌亂中他竟然還沒忘記求生訓練時所學的降落傘落地姿勢，照著記憶中的姿勢，他一下子就側滾落到了水田中，渾身沾滿了泥水。

在新竹基地待命的救護隊直升機也很快飛到現場，將他接上直升機。回飛的路上，王澎生知道他自己的那架 F-100A 摔在湖口鎮的郊區，墜毀現場並沒有任何地面建築或人員被波及；至於與他相撞的那架飛機，直升機的組員則表示沒有任何消息，不過沒有消息該就是好消息，因為如果一架民航機墜毀在湖口附近的話，那時消息一定已經瘋傳。

回到基地之後，王澎生很快就知道與他相撞的是黎巴嫩「環地中海航空公司（Trans Mediterranean Airways）」所屬的一架波音 707 型貨機，飛機的垂直尾翅被撞掉一半。幸運的是，該機在飛行員小心操縱下，已經在松山機場安全落地。聽到這個消息之後，王澎生才真正的放下心來。

事後檢討這次撞機事件時，發現肇事的最大原因是「空軍的戰管」與「民航的航管」這兩者之間未能有效的溝通，戰管及航管彼此之間對於那次測試的飛行資料未確實傳遞，使松山塔台未能有效地管制、隔離天空中的戰機與民用貨機。而王澎生在做模擬測試時，三架戰機對機外顧慮不夠確實（沒有仔細觀察天空是否有其他飛機），也是使兩架飛機空中相撞的原因之一。在這麼嚴重的空中相撞事件中，竟然沒有任何人員傷亡，實在是不幸中的大幸。

經過這次事件，王澎生每年二月都會特別小心，因為他知道，原來一棟房子是有可能被雷連續擊中兩次的！

日後他的飛行生涯真的非常順利，一直在空軍執行飛行任務到退休，退休之後繼續在空軍官校擔任聘任飛行教官，直到幾年之前才屆齡退休。

第12章

關鍵三十秒陰陽兩隔

林清添少校

海面又回覆了平靜，原先那個巨大的漣漪已經完全消失，天空也只剩下這架雙座的F-104B在低空不斷盤旋。

「林分，飛機已經低油量了。」坐在後座的李俊斌上尉看到儀錶板上的低油量警告燈已經開始一閃一閃，警告他們飛機的油量僅夠返場了。

「知道了，我們再繞一圈看看。」坐在前座的分隊長林清添少校平靜地回答。他的聲音平靜，但他心中卻激動異常，這是他第一次，也是他軍旅生涯中唯一的一次，失去了自己的僚機，而那位僚機還是他的隊長！

林清添再降低一點高度，在那片海域上空又飛了一圈，這次還是沒有看到任何浮油或飛機殘骸的碎片。於是向著那空曠的海面投下最後一瞥，然後將機頭帶起，朝清泉崗基地飛去。

在返場的路程上，林清添望著西方幾簇疏雲，還有海面片片漁帆，心裡想著，這是多麼美好的夏日景致。只不過，在那一天，在那片美麗的風景後面，卻是人生最痛苦的生離死別。

不同機種對抗

那天是中華民國七十三年六月二十七日，一個非常普通的日子。由拂曉開始，清泉崗基地就像任何一天一樣，擔任不同任務的 F-104 戰鬥機群不斷在跑道上起落，基地內每個單位都展開了忙碌的一天。

駐在清泉崗基地的三大隊第八中隊那天輪到執行訓練科目，所以早上進行總提示時，作戰官就將當日天氣、空域、訓練課目、使用的飛機等資料向所有隊員講解。

林清添少校與其他三位同僚獲指定參與一個「不同機種對抗（DACT, Dissimilar Air Combat Training）」訓練任務。這種任務相當刺激，他們將駕著 F-104 與五大隊的 F-5E 在空中模擬真實的作戰狀況。雖然只是模擬，但是除了沒有真正開槍、發射飛彈之外，所有的動作都是真實的。所以林清添坐在作戰室裡格外留心，仔細聆聽作戰官的提示。

隊長的用心

當天與林清添一同執行不同機種對抗任務的其他三人是隊長王蓉貴中校、李俊斌上尉及傅中英上尉。兩位上尉恰好是同學。前一天，作戰司令部下達這個訓練任務時，僅要求八中隊派出兩架飛機，與五大隊的四架飛機進行不同機種對抗。但王蓉貴接到命令後想到，這種訓練課目對於資淺的隊員來說是相當難得的機會，因此，與其派出一位資深人員率領另一位資淺人員，駕駛兩架單座戰機去執行這項訓練任務，不如改用兩架雙座機，讓兩位資深的人員各帶領

中隊長王蓉貴用心安排後進升空學習，不料卻使自己坐上失事的飛機。

一位資淺人員來執行這項任務，總共四位飛行軍官上去訓練。這樣在進行模擬空中纏鬥時，資淺人員可以實際觀察資深人員對飛機的操作，並體驗兩架飛機在空中互相支援的戰術運用，更能達到訓練的目的。

雖然當時三大隊每個中隊都使用 F-104 型戰鬥機，但是七中隊、二十八中隊是以 F-104G 為主，加上 TF-104G 型的雙座機。八中隊則是以 F-104A 為主，加上 F-104B 及 F-104D 兩型的雙座機。

那天作戰官在總提示時所安排的是，林清添少校與李俊斌上尉兩人駕駛編號 4121 的 F-104B，王蓉貴中校及傅中英上尉兩人則被分配到另外一架編號為 4123 的 F-104B。王蓉貴中校雖是隊長，但他卻自願退居二號機，讓林清添少校帶著李俊斌上尉擔任領隊，目的是讓李俊斌增加領隊經驗。

王蓉貴除了禮讓林清添擔任長機，又進一步指示與他同機的傅中英上尉坐在前座，他自己則坐在後座。這型戰機的前、後座都有同步的操控系統，不過後座的視野比前座差很多，所以執行任務時，通常都是讓資淺人員坐後座。那天王蓉貴決定讓資淺的傅中英坐在前座，而自己坐在後座，就是想讓傅中英藉著親自操縱飛機，更加熟悉空戰的技巧。

總提示完畢，隊長王蓉貴回到他的辦公室處理公務，而那些排到上午任務的飛行人員就開始任務提示，並前往個裝室去著裝。李俊斌與傅中英兩人因為自己的任務要到下午一點半才起飛，所以就到待命室去預習下午任務的攻防要點。李俊斌還記得，傅中英因為新婚不久，太太已經懷孕，當天兩人也曾聊了些家庭與初生幼兒的事。

午餐之後，這一批任

李俊斌（左二）永遠也不曉得，為什麼在那命運的一天，他和同學傅中英（右一）臨時調換了飛機，造成了不同的命運。

務的飛行員在領隊林清添少校的召集下又湊在一起，由他對大家再做一次任務的細節提示。這個提示與上午的總提示不同，在這次提示中，林清添將任務中的每一個細節都仔細的告訴僚機，而身為隊長的王蓉貴也補充了一些他認為重要的空中紀律，希望大家都能注意。

命運的互換

就在提示時，李俊斌發現他與林清添教官所飛的飛機，竟已與王蓉貴及傅中英的飛機互換了：他非常清楚的記得，上午總提示的時候作戰官安排他與林清添兩人的飛機機號是4121，但此刻林清添少校根據作戰官所準備的提示單進行提示時，卻表示王蓉貴及傅中英的飛機是4121，李俊斌與林清添兩人則是編號4123那架。李俊斌本來想去問作戰官，只是坐在他旁邊的隊長王蓉貴卻說了句：「哪一架飛機不都一樣？」李俊斌見隊長都沒意見，就不再說什麼了。

一直到幾十年之後的今天，李俊斌都還不瞭解到底是什麼原因讓作戰官在最後一刻將兩架飛機對調。這個對調，就造成了生與死的差別！

下午一點半，兩架F-104B由清泉崗基地的36號跑道起飛，在戰管的引導下直奔演習的空域而去。在同一個時刻，四架F-5E也由新竹的23號跑道起飛，他們是隸屬五大隊、參與這次空中對抗的另一批機群。五大隊原是駐防在桃園基地，可是桃園正在整修跑道，所以暫時進駐新竹。

林清添在空軍中以眼力好而出名，曾經擁有以肉眼看到二十浬以外目標的紀錄，所以許多長官執行任務時都喜歡挑他做僚機，就是希望能藉著他的千里眼，早點在藍天中找到目標。

戰管將兩架F-104B型機帶到訓練空域，並告知擔任對手的那四架F-5E就在他們正前方約二十五浬。從那一刻開始，林清添就瞪大了眼睛往前方尋找目標。那時林清添的速度已達一點二馬赫，所以雙方的接近率相當大，估計兩、三分鐘之內就會對頭通過，所以他必須在那四架F-5E看到他之前，先目視對方，這樣才能先發制人，立於不敗之地。

當時林清添飛在兩萬七千呎的高度，王蓉貴則是在他左後上方三萬兩千呎處。他們選擇這個高度迎敵是有原因的：F-5E的性能在低空較為靈活，飛到兩萬五千呎以上，性能就會遲鈍下來；而F-104的性能則是在高空才完全發揮優點，所以他們選擇飛在自

林清添駕駛 F-104 戰機進行不同機種對抗時，看見海面出現巨大的漣漪，心中一驚。

己優勢的高度去迎敵。

海面出現巨大的漣漪

雙方接近到十六浬時，林清添率先在他一點鐘方向的下方看到了那四架 F-5E，分成兩批，一前一後，正向他的方向飛來。目視對方飛機之後，林清添判斷對方尚未看到自己，於是他繼續前飛，並向左轉些角度，預備在接近到五浬、兩點鐘位置的時候，再對著後面的那兩架 F-5E 俯衝轉彎下去，這樣就可以剛好轉到那兩架飛機的六點鐘位置。一個完美的攔截攻擊動作！

林清添在座艙中一直盯著那兩架飛機，等到他們飛到自己的兩點鐘位置，便將駕駛桿稍微向右前方推，飛機開始向右下方俯衝轉彎。就在同時，後面那兩架 F-5E 看到了正在向他們猛撲而來的 F-104B 林清添編隊，於是他們開始爬升，對著林清添的飛機迎面衝來。

林清添眼看 F-5E 對頭而來，知道偷襲不成，立刻決定放棄這一次的攻擊，繼續俯衝以高速脫離。原因也很簡單，他充分瞭解 F-104 的纏鬥性能比不上 F-5E。但是此時林清添的耳機中卻傳出了王蓉貴隊長的聲音：「Indian Lead，繼續轉！（Indian 是那次飛行的呼號）」林清添聽了之後立刻瞭解王蓉貴是想叫他當餌，等到 F-5E 追到他的後面時，王蓉貴再由上面衝下，由後方攻擊那兩架 F-5E。典型的螳螂捕蟬，黃雀在後。

於是林清添將油門推到後燃器位置，繼續對著那兩架 F-5E 俯衝，他的速度一下子飆到一點六馬赫，這樣就算 F-5E 有辦法轉到他後面，也絕無法追得上他。

林清添一面高速往下俯衝轉彎，突然發現翼下的海面上出現了一個很大的漣漪，似乎是有重物落水的狀況。他覺得在那個時候，不應該會有任何東西由天空墜入大海中。他心中開始發毛，想著莫非是有飛機掉下去了？

「阿斌，你看下面海面。」林清添用機內對講機通知後座的李俊斌。

「我已經看到了，你覺得那是什麼？」

「不知道耶，很像是重物落水的樣子。」

林清添知道，以他此刻的速度，那兩架 F-5E 該被他甩在後面好幾浬以外，而王蓉貴應該已對兩架 F-5E 展開攻擊了。奇怪的是，他完全沒有聽到王蓉貴發出任何有關攻擊的聲音。於是他按下通話按鈕：「Indian Two，報告狀況。」

耳機中一片寂靜。

「Indian Two，集合。」林清添又說了一句，但是他仍然沒有聽到任何回應。

林清添低頭又看了看海面那團漣漪，心中有了不祥的感覺。他立即與戰管聯絡，請求戰管提供他僚機的位置，且要求戰管標定他自己目前的位置。這樣等下如果有必要，戰管可以引導他回到這裡。

戰管很快就告訴林清添，他的二號機目前是在三四五度三十浬的地方。這個訊息使得林清添感到相當奇怪：王蓉貴隊長怎麼出現在那裡？但是他沒有時間多想，他急著將自己的飛機轉向，朝著三四五度的方向飛去。

沒多久林清添就在雷達幕上看到一個光點。看到了光點，他心中稍微放鬆了一些，但還是很納悶：王蓉貴怎麼會飛到那裡去了？

二號機到底在哪裡？

飛機雖然以超音速的速度前進，但是林清添還是覺得太慢，他在座艙中瞪大了眼睛搜尋前方，並不斷在無線電中呼叫，希望能早些看到他的二號機，或是與二號機取得無線電聯絡。

好像過了很久，林清添終於在遙遠的天際看到一個黑點。他低頭看了一下雷達，那個黑點還距他還有十八浬之遙。幾秒鐘後他看得更清楚了，那個黑點不是一架飛機，而是兩架飛機，而且是兩架 F-5E！

林清添向戰管報告那個雷達上的光點並不是他的二號機，並立刻要求戰管將他帶回剛剛他看到海面有漣漪的地方。他的心中雖然不願意去承認，但是理智卻告訴他，那個墜入海中的「重物」應該就是一架飛機，而且極可能就是他的二號機！

這時戰管也因為兩架 F-104B 無法集合進行第二梯次的對抗，下令 F-5E 課目取消，返回新竹基地。F-5E 的四號機朱玉志上尉還記得，他也看到了海面的那個大漣漪，所以當他聽到因為 F-104 無法集合使得課目宣告取消，他就懷疑那個漣漪可能是飛機墜海引起的。當時他還想著，稍後他要去找在三大隊任職的同學來問一問到底是怎麼一回事。沒想到的是，他的同學傅中英就在那架無法取得連絡的飛機上。

當林清添飛回到首度看見巨大漣漪的地點時，漣漪已經不見了，可是原先漣漪的中心處仍有大量的氣泡由海面下浮起，在蔚藍的海面上分外明顯。林清添將油門收回到慢俥位置，讓飛機的速度逐漸慢下來，同時將飛機的高度降低到距海面三千呎，希望能看清楚海面有沒有任何飛機的殘骸碎片。

坐在林清添後座的李俊斌眼睛看著翼下的海面，心中也是波濤洶湧。他不願意面對這樣的結局，但是戰管雷達上找不到二號機的光點，無線電也呼叫不到，這種情況幾乎證明了最壞的情形已經發生。他想起就在幾個鐘頭之前，傅中英還在跟他興奮的談論著即將出生的孩子，他突然覺得胸腔內的心一直往下沉……

林清添操作著飛機在低空盤旋，口中不住的咒罵，雖然只是他的口頭禪，但是他的心中卻真是無比的遺憾。事情不該是如此發展的！

李俊斌當時坐在林清添的後座，正在磨練領隊經驗，沒想到卻見到隊長飛機失事。

隊長沒有回來

作戰司令部知道一架 F-104B 在對抗演習中失蹤後，馬上通知新竹基地，等那四架 F-5E 落地後，立刻將機炮艙門貼上封條，等待總部的相關人員前去檢查。他們想要確認那架 F-104B 並非因為 F-5E 誤擊而墜海。

林清添在飛機最後一滴燃油燒乾之際才回到清泉崗基地。落地滑回停機坪，關俥，前來迎接的地勤人員劈頭就問道：「怎麼只回來一架？」林清添真的不知道該如何回答這個問題。

等他們回到中隊部，裡面的氣氛更是低到讓人窒息。通常遇到這種事情時，隊長總是會親自出來主持任務歸詢。但是，今天卻是隊長沒有回來！

下午三點半，失蹤的 4121 飛機的燃油應該已經用罄（假如它還在天上的話），而全台灣每一個機場都沒有那架飛機落地的消息。於是作戰司令部正式宣佈飛機失蹤。救護隊的直升機及四三九聯隊的 C-119 在第一時間就已出動，到林清添最初發現海面有漣漪的地方去搜尋。

空軍總司令部督察部門的長官，也搭乘專機趕到清泉崗基地。他們在聯隊長李子豪將軍的辦公室裡，仔細詢問林清添及李俊斌兩人當天在空中的每一個細節。先前新竹的四架 F-5E 也已檢查完畢，機炮並沒有發射的現象，所以督察部門所問的問題就集中在當天飛行的狀況，希望由林清添及李俊斌兩人的證詞中找到蛛絲馬跡，到底是飛機故障或是操縱失誤而導致失事墜海。

李俊斌拿出隨身攜帶的錄音機，在大家前面將飛行時所錄下的對話播放出來。錄音顯示，由王蓉貴隊長在三萬多呎的高度對著林清添說「Indian Lead，繼續轉」到林清添對李俊斌說「阿斌，你看下面海面」之間，僅有三十二秒鐘。

假設那個漣漪是因王蓉貴的飛機墜海所造成的，那麼在林清添告訴李俊斌「阿斌，你看下面海面」這句話的時候，飛機早已經墜入海中，因此真正墜海的時間還要由那三十二秒再扣除幾秒鐘。根據這樣初步的推算，那麼那架 F-104B 是以每分鐘六萬呎的下降率撞入海中！

大家聽完錄音，一時沈默無語。錄音呈現的事實無情又可怕：在那種情況下，兩位飛行員絕無倖存的可能！

盡全力救人

當天黃昏，三十四反潛中隊剛好有架 S-2E 反潛機在新竹外海進行夜航訓練。該架飛機的機長是中隊長劉家泉中校，他在耳機中聽到了戰管與一架 C-119 的對話，由對話中獲悉 C-119 正在執行搜索落海飛行員的任務，他更聽出來那架 C-119 的機長是他的同學黃高鵬中校。於是他插話問黃高鵬，知不知道落海的飛行員是誰。

「是同學阿金（王蓉貴的綽號）！他下午就在這附近墜海！」黃高鵬顧不得無線電的通話規定，直接回答墜海的飛行員就是他們同期的同學王蓉貴。

劉家泉心中立刻揪成一團。又是一位同學失事！自從民國五十八年空軍官校畢業，十五年來他們已有八位同學為國捐軀，他實在不忍再看到另一位同學犧牲。

其實王蓉貴還是上尉的時候，曾經有過一次死裡逃生的紀錄。民國六十一年八月三十日，溫寶良教官帶著資淺的王蓉貴，駕駛著一架編號為 4148 號的 TF-104G 執行零 G 加速的訓練課目。① 那次當飛機俯衝到一定高度之後，溫寶良教官企圖拉回駕駛桿，將飛機脫離俯衝狀態，卻發現駕駛桿有空檔現象，無法將飛機由俯衝姿態中改出拉起，而飛機正以驚人的速度對著海面衝去，於是溫寶良決定棄機跳傘。

按照跳傘的順序是後座先跳，不過當天王蓉貴坐在前座，溫寶良堅持學員先跳，因此王蓉貴先彈射離機，溫寶良才彈射出去。等到溫寶良彈射的時候，飛機已經接近音速了，他的傘一張開就被高速的風吹破，飛在附近的飛機眼看著溫教官的降落傘纏成一縷，直墜海面。而王蓉貴則僥倖逃過一劫，落海之後不久就被直升機救起，但是他也因為在跳傘時遭受到強大風速的撞擊，渾身都是瘀青的痕跡，好久之後才消退。

劉家泉想到這段往事，覺得自己必須為這位同學盡一份力，於是他按下通話按鈕與戰管聯絡，表示希望將手上的訓練任務取消，加入搜救行列。他機上裝配有超強亮度的搜索探照燈，發動機短艙內還有專作海上標定目標之用的十二枚長效煙彈與三十二枚短效煙彈，應該可以在搜索中發揮作用。

作戰司令部的高勤官立刻答應了劉家泉這個請求。訓練可以延遲，但是救人卻是分秒必爭！

① 零 G 加速是指在飛行中將駕駛桿往前推，使飛機進入俯衝狀態，當 G 表顯示零 G 時，加油門使飛機加速，這是 F-104 的特殊性能課目。

劉家泉當晚一直飛到低油量才返場。那晚，搜救的 C-119 徹夜在海上投擲照明彈，而空軍救護隊的直升機及海軍三艘艦艇也在失事現場進行了長達三天七十二小時的搜救行動。然而，除了一些飛機的碎片之外，並沒有找到任何失蹤人員的影蹤。

王蓉貴及傅中英兩人始終沒被尋獲，六個月後，空軍宣布兩人在執行任務時殉職。他們的飛機也始終沒有浮現大塊的機體殘骸，無法由實體的證物來研判飛機失事的原因。空軍只能根據過去的經驗猜測，那架 4121 號飛機在俯衝過程中，操縱系統發生嚴重故障，使飛行員無法將飛機由俯衝狀態中改出，而飛機又是在以極大的速度俯衝著，所以飛行員連呼救的時間都沒有就撞入台灣海峽！

李俊斌知道空軍以這樣的理由結案之後，立刻回想到起飛之前最後一刻換飛機的事情。他雖然為自己躲過一劫而慶幸，但他更為王蓉貴隊長及同學傅中英的犧牲感到悲傷。尤其是傅中英竟然無緣見到自己即將出生的孩子，這個悲劇格外使人感覺痛心與遺憾。

轉眼之間，這已是三十多年前的往事了。林清添與李俊斌兩位教官都已在盡了他們對國家的義務之後解甲歸田。偶爾他們聚在一起，聊到往日翱翔藍天的往事時，總會談到那個遙遠夏日午後發生在台灣海峽上空的事，談到那致命的三十秒鐘——那是導致陰陽兩隔的三十秒！

第13章

吳慶璋少校

是蘇聯的轟炸機！

空軍第二聯隊的第十一戰鬥機大隊是有著輝煌歷史的戰鬥機大隊。在它眾多的光榮記錄裡，有一項在世界航空史上佔據了極為重要的地位，就是「全世界第一個以空對空飛彈擊落敵機」的紀錄。而這個事蹟，正是由十一大隊的李叔元中校在民國四十七年「九二四溫州灣空戰」當中，駕駛著F-86F戰機所創下的！①

到了民國七十年代初期，當時十一大隊所使用的F-100超級軍刀機已經達到使用年限，但又無法取得所需的零組件，因此在美國的安排下，我國於民國七十二年購買了一批西德空軍汰除的F-104G戰機。

這批飛機到達台灣之後，空軍就將它們交給十一大隊，以便取代原先使用的F-100，並由當時已經操作F-104G達二十五年的的三大隊負責協助十一大隊的換裝計畫。所以十一大隊的空、地勤人員就進駐到清泉崗基地，在那裡執行「阿里山八號」換裝計畫。

換裝到了民國七十五年，十一大隊下轄的三個中隊都有了具體進度，其中

① 早年國軍曾經將響尾蛇（Sidewinder）飛彈翻譯成「斜風」飛彈。有關李叔元中校擊落敵機的故事，可以參看《飛行員的故事第一集》中的〈響尾蛇飛彈第一戰——十八羅漢台海立奇功〉。

四十一、四十二中隊已經換裝完畢，而四十八中隊的換裝也接近尾聲，整個大隊的換裝即將完成。

展開考核任務

民國七十五年一月十五日，清晨的台中，清泉崗基地內的溫度計顯示著攝氏八度。由台灣海峽吹過來的北風在空曠的基地內狂飆，絲毫不受阻攔，連窗戶都在風力之下時不時抖動著，彷彿也禁不住低溫的寒風而發抖。

擔任二聯隊督察室考核官的吳慶璋少校用完早餐，剛走出餐廳就感覺到一陣刺骨的寒風迎面打在他身上。他不自覺打了一個寒顫，下意識的將飛行夾克的拉鍊向上拉了些。雖然他隨著十一大隊進駐清泉崗基地進行 F-104G 的換裝已有好一段時間，但還是無法適應那裡的冬天。

當天上午他有一批飛行任務，要對四十八中隊剛換裝完訓的盧泓明上尉進行鑑定考核。他以前在四十八中隊時曾與盧泓明共事過，知道他是一位中規中矩、相當穩重的飛行員，所以他心裡想著，那將是一次相當輕鬆的考核任務。

雖然是由吳慶璋對盧泓明進行完訓鑑定考核，但那次任務的領隊卻是由四十八中隊作戰長任克剛少校來擔任。任克剛是一位經驗豐富的 F-104G 飛行員，原先在三大隊任職，後來從空軍指參學院畢業後，就被上級調到十一大隊的四十八中隊擔任作戰長，想借用他的經驗來協助十一大隊的換裝。

著裝出發

在作戰室裡，任克剛少校對盧泓明、吳慶璋兩人講解當天的考核任務：起飛時間是上午十一點二十分，由他先帶著盧泓明編隊起飛，十秒後吳慶璋再單獨起飛。三架戰機在空中集合，向戰管報到，戰管會把他們的編隊帶往台灣北部的訓練空域。

到達指定空域後，戰管會將他們拆成兩批，任克剛及盧泓明的兩架飛機在一邊，吳慶璋的飛機在另一邊，分別向左右兩邊轉。當兩批飛機的距離拉開到四十浬左右，戰管接著會引導任克剛那批飛機迴轉，開始對吳慶璋的飛機進行九十度夾角攔截。此時任克剛就必須退到僚機的位置，讓盧泓明在戰管的引導下，前去攔截吳慶璋。

而吳慶璋的角色則是透過聆聽盧泓明與戰管之間的對話，來鑑定盧泓明的反應是否恰當。等到吳慶璋可以目視到盧泓明及任克剛的兩架飛機時，他接著再評斷盧泓明是否能夠在戰管的引導下，運用飛機上的雷達將飛機飛到最佳的攔截位置。以上這樣就是一個梯次的攔截。

第二輪的攔截基本上與第一次相同，不同之處在於第二次將以一百三十五度的方向進行攔截。完成這兩次攔截考核之後，這些飛行員將根據剩餘油量的多寡來決定接下來要繼續進行幾次攔截動作。返航後，吳慶璋會根據盧泓明在空中的表現，寫一份報告說明盧泓明是否通過了考核。

任務提示之後，三人就到個裝室去著裝。吳慶璋穿上抗 G 衣的時候，本想把身上的飛行夾克脫掉，因為即便是在三、四萬呎的高空，機外的溫度為零下四十幾度的低溫，F-104 座艙內能始終保持著二十幾度的常溫，所以穿著飛行夾克有時只會讓自己在座艙裡的行動不方便，並沒有任何實質的保暖效應。

但他轉念一想，天有不測風雲，雖然在飛行前做了萬全的準備，但誰也不知道在飛行中會不會遇到一些不可預知的困難。若必須要跳傘逃生，那麼這件飛行夾克就是不可缺少的保暖配備了！想到這裡，他決定乾脆不脫夾克，於是順手將救生背心穿在夾克的外面。

著裝完畢，三人拿起頭盔到檢測器那裡去檢查氧氣面罩及伸縮軟管有沒有漏氣。這個步驟很重要，先前曾發生過氧氣面罩伸縮軟管漏氣，造成飛行員在高空飛行時因缺氧而昏厥，幸好那次事件中，等飛機下降到一萬呎以下，飛行員醒了過來，才避免一場失事悲劇。從那次之後，檢查面罩的伸縮管就成了飛行前的必要步驟。

超完美模擬攔截

他們三人搭小巴士抵達了停機坪，吳慶璋走到他的飛機旁邊，掏出飛行前檢查的卡片，開始對飛機進行飛行前的三百六十度檢查。

F-104G 正常的情況下是將副油箱掛在翼尖，但他們這批從西德買回來的 F-104G 卻是翼尖油箱缺貨，所以只得掛上現有的一批、原先用在 F-104A 的翼下派龍副油箱。兩種副油箱容量與重量極為相似，不過因為載掛的地點不同，對飛機在飛行時的性能產生了不同程度的影響。翼尖油箱除了裝油之外，它的形狀本來就有整流的作用，所以對飛機的性能沒有太大的影響；而翼下派龍油箱離機身較近，產生的阻力較大，所以帶著翼下派龍油箱飛行時，飛行員會明顯感覺到它產生的阻力。

吳慶璋雖然不喜歡這種翼下派龍副油箱的安排，但是他知道，即使有這麼大的阻力，這種飛機比起他原先所飛的 F-100，速度還是快了很多，所以他就沒有任何抱怨了。

上午十一點十七分，三架飛機依序進入清泉崗的36號跑道。盧泓明的飛機與任克剛的飛機分別在跑道的左右邊停妥，吳慶璋將飛機停在那兩架飛機中間稍後的位置，這樣在起飛滾行時就不會受到前面兩架飛機的尾流影響。三架飛機停妥之後，開始試大俥，吳慶璋將煞車踩緊，同時緩緩將油門推桿向前推，頓時 J-79 發動機發出一聲狼嚎似的吼聲，煞車彷彿已經無法抵擋住那股巨大的推力，整架飛機震動著要往前蹭。

吳慶璋在座艙中很快的將發動機轉速、尾管溫度、渦輪進氣溫度等發動機儀錶檢查了一遍，所有的儀錶指示都在正常範圍之內，於是將油門收回。就在那時他在耳機中聽到盧泓明向長機報告的聲音「Two OK!」吳慶璋緊接著也按下油門推桿上的通話按鈕，並報出：「Three OK!」最後他由耳機中聽到任克剛的聲音：「Lead OK!」

三架飛機都已準備妥當！

吳慶璋注意著手錶上的指針，當分針指到 4，秒針指針指到12，亦即是上午十一點二十分整的時候，他抬頭看見任克剛那架飛機的尾管噴氣口張開，一陣火焰由尾管噴出。即使隔著座艙罩及頭盔，他仍聽到一陣微弱但清楚的狼嚎聲，那兩架飛機隨即向前衝刺。

看著那兩架飛機開始前衝時，吳慶璋開始在心中默算「一秒鐘，兩秒鐘……」並仔細注視著那兩架飛機的狀態。十秒鐘後，前兩架飛機已建立起仰角，即將離地，於是他將油門推滿，鬆開煞車，再開後燃器，頓時感覺到似乎有人在他後面猛推了一下似的，飛機開始快速向前衝。

F-104G 加速相當快，吳慶璋被加速的 G 力緊壓在座椅上，右手抓著駕駛桿，左手推著油門，眼睛緊盯著前面的跑道，還不時抽空瞄一下空速錶。當他看到指針已經指到一百六十浬時，他輕輕增加了一些帶桿的力量，將機頭抬起。飛機很快就衝進藍天，他順手將起落架的手柄推上，飛機這下變得更流線了，瞬間就對著蔚藍的天空爬升。

三架飛機在空中編好隊形，任克剛在戰管的引導下帶著兩架僚機向左轉飛離海岸線，再向右轉，對著台灣北部基隆東北方的訓練空域前進。通過一萬呎空層時，吳慶璋轉頭往右下方望，看見新竹就在右翼旁邊不遠，順著新竹機場的方向往旁邊延伸過去，雖然看不清楚地貌，但他知道他的家就在那裡。

遠遠望著家的方位，他想起來已經有好一陣子沒有回家了。為了隊上的事，他有多少次必須取消預定的回家計畫，幸好他有一個非常體諒他工作的太太，不但沒有絲毫怨言，更肩負起了理家的責任。吳慶璋每次回家，看到家中一切井井有條，心裡總會有一種歉疚感，但是他也知道這就是一個軍人的宿命，他們沒有正常上、下班的班表。他們為了保護那些生活在他機翼底下的每一個人，必須隨時待命出動。他又看了看新竹市區內的房舍，大部分住在那裡的人他都不認識，但是他知道，那些人必須要在安全的環境裡面工作、求學、娛樂，而他在執行他的任務時，就是在確保那些人能夠享有安全的生活環境。

三架飛機飛抵訓練空域，吳慶璋耳機裡傳來戰管的命令，要他向右轉。他立刻向右壓桿，飛機便以優美的弧線向右轉，戰管也在同時下令任克剛及盧泓明的兩架飛機向左轉。

一分多鐘之後，吳慶璋聽到戰管給了他一個新的航向，同時他也聽見戰管開始引導盧泓明前來攔截他的飛機。

吳慶璋完成了轉向，在戰管的指示下開始爬高，佔據高位。此刻他聽到戰管指揮盧泓明朝向自己的九點鐘方向飛去，他知道戰管的用意是要帶領盧泓明由他的左側進行攔截。

兩批飛機的接近率相當大，很快的吳慶璋就聽到盧泓明向戰管報出「Bogie! Radar

Contact!」表示盧泓明已經在他的雷達上發現吳慶璋的飛機，這時盧泓明必須將飛機以九十度的角度進入，來攔截吳慶璋的飛機。而這些過程，就是吳慶璋要對盧泓明考核的項目。

沒多久，盧泓明的飛機就在吳慶璋的左翼前方出現。吳慶璋當時正以零點七五馬克的速度持續往前飛，所以盧泓明及任克剛的兩架飛機很快就已經從吳慶璋的左翼前方，飛到了他的六點鐘方位。當盧泓明飛到吳慶璋尾部時，立即用雷達將吳慶璋鎖住，並喊出「Fox II!」②意思是，如果這是一次真實攔截情況的話，他將在喊出的同時發射一枚響尾蛇飛彈。吳慶璋覺得這真是一次完美的攔截，如果要為這次攔截打分數，他會毫不遲疑的給盧泓明一個滿分。

第一次攔截完成之後，兩批飛機在戰管的引導下再度分開，進行第二次的模擬攔

② Fox II 及 Fox III 均為循照美軍演習時的武器代號。Fox II 代表中程飛彈（響尾蛇飛彈），Fox III 則代表機砲。在空中演習時，飛行員並不真正發射飛彈或是開機砲，而是在預備發射飛彈或開機砲的時候，用無線電中說出這個代號。在任務歸詢時，會根據飛行員說出代號的時間，與戰管所提供飛機在當時雷達上的軌跡比較，來決定發射飛彈與開機砲的時機是否洽當，是否可以將敵機擊落。

截。這次攔截與前次的九十度攔截不同，是由吳慶璋右後方接近的一百三十五度攔截。一個完成戰備的成熟飛行員，必須熟悉由各個不同方位進入的攔截。

有了前一次的經驗，這一次盧泓明的表現更加熟練，很快就由吳慶璋的右後方接近，並在咬住吳慶璋的飛機之後喊出「Fox III!」表示這次他是用機炮來攻擊攔截的對象。

兩次完美的模擬攔截執行完畢，這時他們聽見戰管的呼叫，吳慶璋以為這是要展開另一輪的攔截，但是出乎他意料之外的是，戰管卻宣布他們這三架飛機將要轉用。③

吳慶璋立刻知道有狀況了。

異常的方向出現了不明機

戰管簡潔地告訴領隊任克剛，有一架不明機正由東北方面朝台灣本島飛來，請他率隊以高速前去查看那架不明機是什麼飛機。任克剛聽了之後，立刻下令兩架僚機開後燃器加速，向〇五〇度的方向飛去。

那時三架飛機已成戰鬥隊形，吳慶璋飛在左側。三人朝著不明機飛去的時候，吳慶璋心中不禁想著，在他十餘年的軍旅飛行生涯裡，出過不知道多少次攔截任務，但那些不明機都是由西面、中國大陸那方面而來的，他從來沒有遇過由台灣東北方前來的目標。他很好奇的在想著，這個沒有通報就冒冒失失闖進我國防空識別區的，會是何方神聖？

F-104G的雷達搜索範圍可達四十浬，所以吳慶璋將雷達的搜索範圍調到最大，希望能早點看到那個不明機反射回來的光點。

此時飛機的速度已達零點九五馬赫，兩方的接近率相當的大，沒多久吳慶璋就在他的雷達幕上看到了一個光點，由東北邊向他們接近。

那個光點比一般戰鬥機大，有點像民航機，但是一般民航機都會走固定的航路，也會事先向我國通報，所以這個光點不大可能是一架民航機。按照戰備規定，如有不明機進犯我國防空識別區，且兩方是對頭接近時，則我方飛機在接近到四十浬時，就須將外載油箱拋棄，以增加飛機的靈活度。當時兩岸之間的氣氛已不像以往那樣劍拔弩張，加

---

③轉用的意思是，當戰管在雷達上發現有不明機對著本島前進時，管制官可以：一、下令最近空軍基地的警戒飛機緊急起飛，前往攔截不明機；二、如果剛巧在不明機路徑附近有一批正在執行其他任務的飛機，戰管可以通知那批飛機的長機，終止當時的任務，並在戰管的引導下前往攔截那架不明機。這種借用附近空中飛機的手法就是所謂的「轉用」。

擔任長機的任克剛（右二）下令拋棄副油箱以便攔截蘇聯轟炸機，降落後卻遭受責難。

上通常F-104G在巡邏時都是帶著翼尖油箱，阻力不大，好像也沒有拋棄的必要。所以我方戰鬥機已經有很長一段時間，沒有拋棄過副油箱了。

這一次，我機進入四十浬範圍時，任克剛並未下達拋棄赴油箱的命令。但是，等雙方的飛機接近到三十五浬時，吳慶璋心裡開始覺得他們攜帶的翼下派龍油箱所產生的阻力，不要說接戰時不方便，就是要進行攔截與監視時，也會讓飛行員有力不從心的感覺。

任克剛心裡的想法大概也一樣，所以當兩方接近到三十浬時，任克剛就想按照規定將派龍油箱拋棄。可是在下令之前，他還是先詢問了戰管，表示他已在雷達上見到不明機的光點，是否有必要將副油箱拋棄？

耳機中一片寂靜，戰管單位沒有人回答他的問題。

兩方飛機繼續以高速互相接近，很快的距離只有二十五浬了，吳慶璋聽到任克剛又問了戰管一次，可是戰管還是沒有回覆。

雖然戰管沒有回覆，但是吳慶璋相信情況再進一步發展下去，任克剛會做出正確的決定。

丟副油箱！開武器電門！

看著雷達幕上快速朝向自己接近的光點，吳慶璋非常的淡定。他知道不管來者是迷途的民航機，或是真有敵意的入侵者，他們三架飛機都能做出最適當的處置。想到這裡，他不自覺往右邊看了一下另外兩架飛機：任克剛這位飛行員的飛行技術、學識都相當出色；盧泓明雖然剛剛完成換裝訓練，但先前也已擁有相當時數的 F-100 戰機飛行經驗。所以在前往攔截不明機的途中，吳慶璋是非常鎮定的。

不明機接近到二十浬時，吳慶璋由耳機中聽到了一個簡單的命令：「Steve Flight, Salvo!（Steve 編隊，丟副油箱！）」他知道任克剛已經決定不再等待戰管的同意，即將以他現場判斷最妥當的姿態去迎敵。

聽到那道命令，吳慶璋隨即按下投擲外載油箱的電鈕，他立刻感覺到飛機像被推了一下，空速錶也很快的顯示出飛機的速度已衝過音障。

幾乎就在同時，耳機中又傳來了任克剛的第二個命令：「Steve Flight, Weapons Hot!（Steve 編隊，打開武器電門！）」頓時吳慶璋的情緒激動起來，這是他第一次在攔截任務中拋棄副油箱，也是第一次將武器電門打開。這表示他們已有萬全的準備應付所有的狀況了。就在此時，他心底浮現了那句老話「養兵千日……」

終於，雙方接近到十五浬，任克剛向戰管報告：「Bogie 一點十五浬」，意思是已經在雷達上看到不明機出現了。不久後，一架巨型飛機在他們的右前方現身，吳慶璋由該架飛機的外型認出是蘇聯的 TU-95 型轟炸機。以前他只聽說過這型飛機經常例行的由海參崴飛往越南金蘭灣，而且在台灣東海岸的空軍第七三七、八二八兩個聯隊，都曾在東部外海發現並攔截過這型飛機。但這次可是 TU-95 首度在台灣東北部出現。

看清楚來者是一架蘇聯的轟炸機之後，吳慶璋放心不少，因為他可以肯定那不是具有明顯敵意的飛機。不過這架飛機並沒有知會我國相關單位就貿然飛進我國防空識別區，總是一件不符合國際飛航規定的事。換個角度來看，這架蘇聯轟炸機雖已進入我國防空識別區，卻還是在公海上空，並未進入我國領空，所以我方戰鬥機不可以進行驅逐的動作。

就在任克剛向戰管報告不明機是蘇聯的 TU-95 轟炸機，吳慶璋同時很明顯的聽到耳機中有受到干擾的雜音。他覺得干擾的電波一定是由蘇聯轟炸機發出來的，因為他知道有些 TU-95 被改裝成電偵型的飛機，於是他瞪大了眼睛注意那架飛機，想看看是否有些特別的天線，可惜終究因為距離太遠而看不清楚。

雖然那架飛機並未進入我國領空，但已經飛進了我國防空識別區，所以戰管下令繼續保持監控，若對方接近我國領空，再予以驅離。

TU-95 也一定看到了正以高速向他們衝來的 F-104G 機隊。也許為了避免擦槍走火的意外，當雙方的飛機接近到五浬時，TU-95 開始向左轉向東方，顯然的是想飛離我國的防空識別區。

任克剛見到 TU-95 脫離原來的航向之後，也帶著兩架僚機向那架 TU-95 轉去，將自己這批飛機保持在 TU-95 右後方三浬左右的位置，同時向戰管報告 TU-95 已轉向東邊，有預備脫離我國防空識別區的跡象。

這時戰管在雷達幕上也看到了 TU-95 已經轉向，即將飛出我國防空識別區，於是下令他們三架飛機返場。

按照規定而受責難

朝著機場回飛，吳慶璋在座艙中望著東邊的高山及天邊的白雲，心裡的念頭飛掠：即使海峽兩岸之間的敵對情勢以不若從前緊張，國人也已習慣了這種沒有戰爭威脅的日子，但身為軍人，卻無法放鬆心中的警惕心態。誰也不知道下一個珍珠港事件會在何時、何地發生。如果今天他們沒有前去攔截那架 TU-95，而是讓它接近到我國領空邊緣，那麼那架飛機上的電子裝備可能會輕易蒐集到許多我國的電子情訊，讓我國的國防出現無形的缺口。

吳慶璋同時又看

吳慶璋和長機駕駛 F-104 前去攔截蘇聯 TU-95 轟炸機，當時明顯感覺到對方發出的電子干擾。

了看飛在任克剛另一側的盧泓明，心想他真算是相當幸運，在換裝完畢的鑑定考核任務中，就碰到了真實的攔截狀況。這個經驗非常難得，他知道盧泓明日後絕對會是一位優秀的 F-104G 戰機飛行員。

三人落地後回到作戰室，還沒來得及做任務歸詢，作戰官就跑來說，作戰司令部的長官要找任克剛聽電話。吳慶璋還以為長官要誇獎任克剛，結果沒想到卻是怪罪他下令將副油箱拋棄這件事。長官在電話裡的聲音好大，連站在旁邊的吳慶璋都可以聽到。

「有必要那麼緊張嗎？」那位長官以揶揄的口吻說著。

任克剛看著站在旁邊的吳慶璋，臉上做了個無可奈何的表情，嘴裡還是很恭敬的對著話筒說著：「是！下次會注意。」

吳慶璋不忍再聽下去。他走到窗前，看著天空的白雲及遠方停機坪的那排 F-104G，想著剛才在空中還沒有目視不明機之前，他都可以感受到管制官口氣中的焦急。他更記得任克剛曾兩次詢問戰管需不需要拋棄副油箱，在那個當下沒有人責怪任克剛緊張，更沒有人出聲叫任克剛不要緊張、不需要丟副油箱。最重要的是，他是按照戰備規定，在對頭接近到四十浬之內，將副油箱拋棄！

任克剛掛上電話，看了看錶，歎了口氣說：「哎呀，已經下午一點半了，基地餐廳大概沒菜了。我們還沒吃中飯哪。」吳慶璋這才意識到他們已經快七個小時沒有進食，尤其是經過剛才那段空中攔截過程，真是有點飢腸轆轆的感覺了。

就算當時餐廳沒有停伙，這三個飛行員也沒辦法安心吃午餐，因為他們在下午兩點鐘還要參與一個會議。於是三人就在基地的聯合餐廳買個三明治，簡單充飢了事。

一面咬著三明治，任克剛將他稍早與作戰司令部長官對話的內容轉述給吳慶璋及盧泓明兩人。吳慶璋本想安慰他一下，但任克剛卻笑著回答：「不管他啦，他官大當然懂得比我們多。哪天等我們官到那個階層時，說不定也是一個樣子啊。」看到任克剛那樣豁達的樣子，吳慶璋也跟著笑了。

是的，當今的長官以前曾經當過小隊員，而今天的小隊員日後也有可能當將軍的，只是希望那些小隊員在升到高層將領時，不要忘記基層的辛勞。

幼年的任克剛（左）於空軍幼校與華澤龍（飛行員高志航的外孫）合影。

不過，任克剛永遠沒有機會知道他日後會不會像那位長官一樣。七個月之後，任克剛於當年的八月七日在另一次任務中為國犧牲了。④

④任克剛的事蹟，紀錄在《飛行員的故事第一集》，〈飛操系統失效〉。

國家圖書館出版品預行編目資料

我以我血獻青天：飛行員的故事. IV / 王立楨著. --
初版. -- 臺北市：遠流, 2018.09
面； 公分
ISBN 978-957-32-8335-5(平裝)

1.飛行員 2.傳記

783.32　　107011456

我以我血獻青天

十三位國軍飛行員的故事（飛行員的故事系列 4）

作　　者 王立楨
責任編輯 陳希林
行銷企畫 許凱鈞
封面設計 李東記
內文構成 6 宅貓

發行人 王榮文
出版發行 遠流出版事業股份有限公司
地址 臺北市南昌路 2 段 81 號 6 樓
客服電話 02-2392-6899
傳真 02-2392-6658
郵撥 0189456-1
著作權顧問 蕭雄淋律師

2018 年 9 月 01 日 初版一刷
2018 年 10 月 01 日 初版二刷
定價 平裝新台幣 320 元（如有缺頁或破損，請寄回更換）

ISBN 978-957-32-8335-5
YLib 遠流博識網 http://www.ylib.com E-mail: ylib@ylib.com

封面照片：空軍飛行員梁金中攝於 1958 年。
本書所有照片，除另有標示，全由各篇章主角提供作者使用。